工业互联网

技术、实践与行业解决方案

程 晓 文丹枫 编著

電子工業出版社
Publishing House of Electronics Industry
北京 · BEIJING

内 容 简 介

本书紧扣时代主题，对工业互联网的发展给出了具有预见性的答案，虽然这种预见性的答案并不绝对精确，但是足以给读者启发。

本书详细讲述了与工业互联网相关的各项内容，共 14 章。首先，论述工业互联网的发展历程；其次，简述当下工业互联网发展中的技术及算法内容；再次，为读者解释工业互联网如何影响日常生活和行业变革；最后，解读未来 5 年工业互联网的发展趋势。

本书可供对工业互联网感兴趣的社会各界人士阅读。

图书在版编目（CIP）数据

工业互联网：技术、实践与行业解决方案 / 程晓，文丹枫编著. —北京：电子工业出版社，2020.8

ISBN 978-7-121-38658-9

Ⅰ. ①工… Ⅱ. ①程… ②文… Ⅲ. ①互联网络—应用—工业发展—研究 Ⅳ. ①F403-39

中国版本图书馆 CIP 数据核字（2020）第 037261 号

责任编辑：刘志红　　特约编辑：李　姣
印　　刷：北京虎彩文化传播有限公司
装　　订：北京虎彩文化传播有限公司
出版发行：电子工业出版社
　　　　　北京市海淀区万寿路 173 信箱　邮编　100036
开　　本：720×1 000　1/16　印张：14　字数：201.6 千字
版　　次：2020 年 8 月第 1 版
印　　次：2024 年11月第 6 次印刷
定　　价：98.00 元

凡所购买电子工业出版社图书有缺损问题，请向购买书店调换。若书店售缺，请与本社发行部联系，联系及邮购电话：（010）88254888，88258888。

质量投诉请发邮件至 zlts@phei.com.cn，盗版侵权举报请发邮件至 dbqq@phei.com.cn。

本书咨询联系方式：（010）88254479，lzhmails@phei.com.cn。

PREFACE

前　言

工业互联网是继大数据、"互联网+"、物联网之后，又一个世界级的改革项目。2015 年，我国政府工作报告中第一次提出要实施"中国制造 2025"强国战略，并确定了以"坚持创新驱动、智能转型、强化基础、绿色发展，加快从制造大国转向制造强国"为主题的方向。

本书分为 3 部分，第一部分是对工业互联网的历史由来、概念及现状等的介绍，以帮助各位读者对工业互联网有一个大致的认识。

本书第二部分详细讲述了工业互联网领域内的各关键要素。这一部分分为 6 章，分别讲述了工业互联网各方面的体系架构，工业互联网涉及的各种技术的解释及其特点，大数据与云计算各自在工业互联网中起到的作用，工业互联网涉及哪些智能算法，工业互联网的信息安全问题有哪些，以及什么是工业互联网平台，工业互联网平台有哪些不同的侧重。

本书第三部分讲述了工业互联网在具体领域的综合应用，这一部分分为 7 章，分别对工业互联网在智能化工厂、智慧电厂、医疗领域、交通领域、能源开发领域等行业中的具体应用进行了介绍。本书在最后一章对工业互联网的未来发展趋势做了一定的分析，开阔了读者对工业互联网未来发展的视野，强化了其对工业互联网在未来应用的认识。

如今，工业互联网的重要性及其在各个领域的作用已经得到了大部分学者的认可。然而工业互联网时代才刚刚开始，未来还有很长的一段路要走。现在的工业互联网无论是在技术方面还是在应用方面都有许多不足，这意味着其还有巨大的发展空间。

为了使工业互联网更加完善，研究和应用工业互联网的企业及相关科研机构应结合我国现有的网络、计算、通信、信息化等方面的优势进一步展现创新能力，通过丰富其中的技术内涵和应用模式，为工业与互联网的深度融合探索出更高效的途径，从而促进工业的发展。

在工业互联网大热的今天，任何一个制造企业都不能掉队。本书结合作者在工业互联网领域积累的相关经验，尽力为读者展现完整的工业互联网发展现状，提升读者对工业互联网的认识。可以说，这是一本非常实用的工业互联网秘籍。

CONTENTS

目 录

第 1 部分　工业互联网已达万亿级市场规模

PART ONE

第 1 部分

工业互联网已达万亿级市场规模

·第 1 章·

工业互联网时代已经到来

经历了改革开放，在全球一体化中开始占据主动地位的中国工业的实力已经发生了翻天覆地的变化。现今，我国已经逐渐具备发展工业互联网的能力。

工业互联网发展之迅速，前景之广阔已被我国各界看在眼里，利用工业互联网发展工业将是我国未来发展的重要趋势。但是从现在工业互联网的应用及技术上看，无论是我国，还是国际上，对工业互联网的应用还存在漏洞和薄弱环节。

1.1 工业互联网的发展历程

工业互联网的兴起被很多人认为是第四次工业革命开始的信号。工业互联网的应用如今已经成为可预见的制造业的未来发展趋势。工业互联网并非是突然出现的，它是在工业发展的漫长岁月中逐渐形成的。

1.1.1 工业互联网的由来

很多企业已经看到了工业互联网在新工业革命及智能制造中发挥的作用，也正因如此，工业互联网的应用逐渐成为企业竞争的新起点，未来工业发展的新方向。在2020年的中华人民共和国全国人民代表大会和中国人民政治协商会议上，工业互联网更是作为热词被写入《政府工作报告》之中。

工业互联网究竟是什么？为何受到各个企业甚至政府的如此重视？

工业互联网是把新一代信息通信技术融入工业制造之中的全新工业生态、新型应用模式和新时代工业的关键基础设施。工业互联网通过将人力、物力、机器紧密联系在一起，实现全要素、全生产链、全价值链的全面链接。

简单地讲，工业互联网就是将工业与互联网、云计算、大数据、人工智能融合起来，改变传统制造业低效的弊端，使制造业更加智能，更加高效。

工业互联网这个概念是由美国通用电气最先提出来的。作为全球多元服务公司，通用电气的许多业务都涉及制造业领域。正是因为这样，通用电气也有着强大的技术实力，以及丰富的物联网经验，在拥有这样强大实力的基础上，2012年通用电气发布了首份工业互联网白皮书。

通用电气在该白皮书中定义了工业互联网的核心要素，并详细阐述了节省1%在工业生产中的巨大价值。以航空业举例，如果飞机在航行时能够减少1%的燃油消耗，如此积累15年，航空公司就能节省300亿美元。

在油气行业，如果能在固定资产中减少投入1%，就能为油气公司节约900亿美元的花销。由此可见，工业互联网的应用对全球制造业有着巨大的经济价值。

工业互联网受到社会各界的关注主要有以下4点原因。

首先，富士康曾经在其招股书中提及了工业互联网，富士康的这一行为引发了有关部门对工业互联网的关注。

其次，2017年11月，我国印发的《关于深化“互联网+先进制造业”发展工业互联网的指导意见》，将工业互联网这一概念进一步带到了人们的视野中，从这以后，工业互联网在中国工业制造中的地位被推上了新高度，一跃成为中国制造强国战略的主攻方向之一。

2018 年 2 月 24 日，中华人民共和国工业和信息化部（简称工信部）专门成立了工业互联网专项工作组，旨在协调工业互联网发展全局。工信部的这一决定更是使工业互联网重新成为社会讨论的热点。

再次，随着科技的发展，传统制造业的弊端也逐渐展露出来。由于传统制造业的生产设备都由工人操作，因此产品的生产、设备检修在很大程度上依靠老工人的经验，不仅难以保证准确度，而且效率低、传承周期长。无论是德国的工业 4.0，还是美国的制造业回归，中国的制造强国战略都预示着工业与智能的结合将是未来工业发展的必然趋势。

最后，工业互联网在中国拥有巨大的市场前景。目前中国制造业的数字化、网络化还有待发展，智能制造仅在部分企业中得以实现。据《中国企业上云指数（2018）》显示，我国工业设备数字化率仅为 45.9%，数字化设备联网率为 39.4%，这说明工业互联网存在巨大的发展空间。

自 2016 年起，我国自主研发工业互联网平台的企业越来越多。2016 年，海尔以自身的制造经验和实践经验为基础，发布了 COSMOPlat 平台；2017 年，中国航天科工公司推出了我国首个工业互联网云平台 INDICS；另外，还有三一重工旗下公司打造的工业互联网平台“根云”的问世。目前，我国工业互联网联盟中企业发布的各类工业互联网平台已经有 30 多个，我国工业互联网发展呈现出一派欣欣向荣的景象。

现在，我国工业互联网正处于重要的发展机遇期，发展工业互联网已经成为促进我国制造业发展和提升社会经济增长的重要推动力。

1.1.2 工业互联网发展历程

工业互联网如今已经成为全球各界讨论的热点话题。工业互联网并不是横空出世的概念，其经历了从工业控制系统到传感网、物联网，再到现在工业互联网的悠久发展历程。本节就从国内和国外两个方面介绍工业互联网在不同国家的发展历程。

我国工业自动化管理的应用，起先普遍是在引进成套设备的基础上，对设备运行进行分析理解后再实现开发和技术应用。目前，我国的工业控制自动化技术、生产及应用已经有了很大的发展，工业计算机系统行业已经形成，在工业自动化、控制智能化、网络化和集成化的实现等方面也有了很大进步。

传感技术的发展也带动着多种类传感器节点组织的传感网络的逐渐形成，该网络集计算机、通信、网络、智能计算、微电子、传感器、嵌入式系统等多种信息技术于一体，目的是实现对物理世界的动态感知和智能管理。

国家传感信息中心的成立是我国对传感技术，尤其是微型传感器发展表现出热切关注的重要标志。随后，我国又成立了传感器网络标准工作组，对传感器网络标准开启了正式研究，以此争夺我国在国际标准制定中的话语权。

为了促进我国传感网络的发展，我国为传感网络的研究提供了良好的政策环境，例如，《国家中长期科学与技术发展规划（2006—2020 年）》的制定，以及在“新一代宽带移动无线通信网”等重大专项中将传感网络列为重点研究领域。

传感网络的发展对互联网的发展而言也是一门喜讯。随着 IBM“智慧地球”概念的提出，我国也提出了“感知中国”的概念，这标志着我国实现了从传感网络到物联网的关注点转换。

首颗物联网核心芯片——“唐芯一号”的研制成功，让人们看到了物联网即将引领的未来，于是物联网成为研究和发展的重点对象。目前，物联网在我国的发展已经由技术研究阶段过渡到了实际应用阶段，这一点无论是在广东的南方物联网信息中心、北京的中国物联网产业中心、无锡的物联网产业创新集群，还是四川利用物联网产业建设的全国首个智慧县城中都有所体现。

西方国家对传统工业的改造要比中国早一些，从 20 世纪 60 年代开始，西方国家就已经开始利用先进科技改善传统工业的不足之处。从可编程逻辑控制器 PLC（Programmable Logic Controller）到集散控制系统 DCS（Distributed Control System），从计算机集成制造系统 CIMS（Computer Integrated Manufacturing Systems）到现场总线技术系统 FCS（Fieldbus Control System），西方国家工业信息化的逐步实现，使传感网络和物联网得到了飞速发展。

电子韩国战略、“U－Japan”计划、“智慧地球”战略、物联网行动计划，这些都是发达国家打算通过信息技术突破互联网物理限制的尝试。这些战略计划的提出为工业互联网的发展奠定了良好的基础。

1.1.3 GE 在工业互联网方面的探索之路

在美国，有很多互联网界人士认为，美国版工业 4.0 其实就是通用电气的工业互联网。

通用电气的前身是成立于 1878 年的爱迪生电灯公司，14 年后，爱迪生电灯公司和休斯敦电气公司合并，最终更名为通用电气。

通用电气对未来发展趋势一直很敏感。第一次世界大战后，通用电气在无线电方面居于统治地位，几乎独霸美国无线电工业。第二次世界大战后，通用电气的业务和利润急剧增长。通用电气的发展速度取决于它所在的领域技术的研发，通用电气的技术研发令它在历史转折点上获得先机。

通用电气的扩张速度一直很惊人。在电子工业方面，通用电气在欧美国家开展大规模合并，将比利时、瑞士、英国、意大利、法国、德国、西班牙等国的电子企业收购或合并到自己公司。此外，通用电气旗下机构所涉及的行业无所不包，如金融、融资、医疗、基础设施、能源、媒体、交通、高新材料和保险等，并且在以上众多领域中，通用电气都处于全球领先地位。通用电气至今已经推出 25 种工业互联网产品，如电力公司配电优化系统、石油天然气监测管理平台、医院管理系统、铁路机车效率分析系统、提升风电机组电力输出系统和医疗云影像技术等。

据通用电气推算，工业互联网可以使美国生产效率每年提高 1%～1.5%，在未来 20 年的时间内，美国人的平均收入将提高 25%～40%。至 2030 年，工业互联网带来的革命将为全球 GDP 增加 10 万亿～15 万亿美元，这个增长量等于现在美国的经济总值。而这么大的增长量却是由那些看起来并不起眼的方面累加而来的，出现一次 1%的增长，对通用电气而言都是一项重大的突破。

通用电气拥有 5 000 名软件工程师和 9 000 名 IT（Internet Technology，信息技术）工程师，尽管他们的目标只是提升 1%的生产效率，但是这背后却潜藏着巨大的经济利益。这样的现实常常让很多人难以置信，在此我们通过图表来理解这一逻辑，如图 1-1 所示。

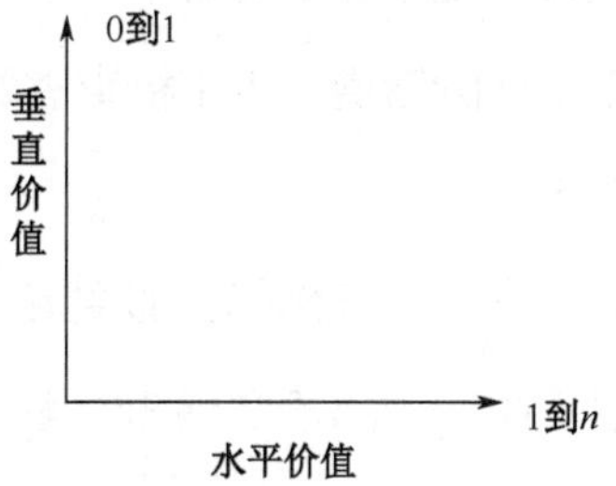

图 1-1 “0 至 1”与”“1 到 n”的关系

如果将生产效率提高 1%作为垂直价值线，把由此带来的经济效益作为水平价值线，那么垂直价值就是从 0 至 1 的创新和变革过程，而水平价值只是大量的重复和复制。经济效益的产生是从 0 至 1 的过程，而经济效益规模的扩大是从 1 至 n 的过程。

这也是为什么美国 IT 巨头无法被复制，而一般的软件公司可以轻易被复制的原因。IT 巨头的体量大不是根本原因，而是因为他们拥有独有的技术，所以，一般的软件公司只有在技术上取得重大突破才能步入巨头行列。

苹果公司就是一个例子，苹果公司前期人员并不多，但是在掌握核心技术后，产品被大批量复制，如一系列的代工工厂、渠道商等都可帮助苹果公司完成从 1 到 n 的复制。即使苹果公司的代工工厂倒闭，甚至账户清空，也都不会影响苹果公司的发展，因为苹果公司有可靠的研发团队，从 0 到 1 的路程已经走完，从 1 到 n 的复制就很容易。

继续回到通用电气与工业互联网，用一个案例来看水平价值与垂直价值的差距。

国际能源价格不断上涨，天然气作为现今储藏量最多的能源之一，在很多领域都有广泛的应用。所以，采取一切办法提高天然气利用率已成为各个国家的主要任务。虽然天然气运输领域的改进工作早已开始，并取得了重大突破，但是在天然气运输时，数千千米距离的管道运输依旧存在安全隐患，运营商必须派人定期检修线路。人工检查虽能在一定程度上防止不良事件的发生，但是无法从根本上杜绝，而且对于动辄上千千米的管道，人工检查需要耗费大量的人力和物力，这对供应商来说是很大的负担。

通用电气引入工业 4.0 理念，在天然气管道中置入大量传感器，并让其随油气一起流动。在油气流动过程中，传感器会感知管道内的流速、压强、温度等各项安全指标，并将数据实时传送到终端系统。这里的终端系统使用的是由通用电气自己研发的 Predictivity 软件，此软件会自动建立模型，并对大量数据进行分析。

如果数据超标，则立即发出预警。这项技术增加了运输管道的安全性，一旦发现差错，系统会自动发出警告，大大降低了维护成本。

哥伦比亚有一条绵延 1.5 万英里（1 英里=169.344 米）的天然气管道，在未安装监测系统之前曾发生过 38 起事故，而安装通用电气研发的管道监测系统后，事故数量变为零，维护成本下降了 10 亿美元。这一杰出成就使通用电气的管道监测系统引起了各天然气巨头的关注，道达尔、BP 等油气巨头也都选用了通用电气的管道监测系统，随后通用电气的这一管道监测系统被越来越多的国家所接受。

通用电气在系统研发上投入了大量的时间和金钱，以系统中的一个数据监测分析环节为例。这个环节以一个名为 Predix 的软件操作平台为基础，此平台可以提供资产性能管理和运营优化服务，是通用电气举数家 IT 巨头之力，包括微软、英特尔、思科和华为等多家企业打造而成，花费近 80 亿美元。

通用电气对新技术的研发从来都舍得下功夫，动辄几十亿美元的投入更是让世界看到通用电气的决心，仅在大数据一项上，通过电气就已经投入了 70 亿美元。这让我们有理由相信通用电气对大数据、工业 4.0 的把控绝对是超前的。

1.2 比工业 4.0 更广泛被认可的概念

与工业互联网相比，工业 4.0 更偏向于生产中的自动化，而工业互联网则更偏向于一种生态的概念，目的是实现输出最优方案。

1.2.1 工业互联网的定义

美国一向特别重视技术创新，在 2011 年的时候，就已经创新规划了实体经济的发展布局。美国还提出了相应的先进制造计划，为打造制造业创新网络——NNMI助力。美国成立了包含通用电气、英特尔、思科等企业的 IIC（Industrial Internet Consortium），即工业互联网联盟，对全世界工业互联网的发展有着重大影响。

我国也不甘落后，从信息化与工业化的初融合到深化，再到建设工业互联网，我国一直致力于实现传统工业转型。2017 年 11 月，我国国务院发布的《关于深化“互联网+先进制造业”发展工业互联网的指导意见》中将工业互联网正式列入国家级战略之一。

工业互联网是一个巨大的体系，能够给中国工业带来重大变革。工业互联网不是简单的网络，也不单纯地是一个平台、一种模式，与其相关的系统化的理论将会引领制造业的革命，引领世界技术脉络与工业管理体系的变革。

明确工业互联网的定义与其中的内涵十分重要，其定位与范畴的确定对如何认识工业互联网，以及如何进行工业互联网的构建和布局有重要作用。

工业互联网的官方定义为：工业互联网是链接工业全系统、全产业链、全价值链，支撑工业智能化发展的关键基础设施，是新一代信息技术与制造业深度融合所形成的新兴业态和应用模式，是互联网从消费领域向生产领域、从虚拟经济向实体经济拓展的核心载体。基础设施、新兴业态、应用模式和核心载体是对工业互联网的内容、形式、性质的高度概括。

工业互联网包含两大内涵。首先，工业互联网是关键网络基础设施。工业互联网不仅依托于现有互联网，而且工业互联网的发展与推进还会促进现有互联网的演进。工业互联网包括工厂内网、工厂外网和标识解析，能满足制造企业安全、实时、可靠的要求。其次，工业互联网是新业态和新模式，虽然形式上与互联网和移动互联网相似，但是工业互联网是与工业生产相关的，而且有很多创新应用，如智能化生产、网络化协同等。

工业互联网的应用不仅能为制造企业带来产品质量与生产效率的提升，有利于降低生产成本，还能使制造企业的技术原理、行业知识、基础工艺和模型工具等信息规则化、软件化、模块化，同时也能使这些信息变成可重复使用的微服务组件。第三方应用开发者还可以利用这些信息根据不同的生产场景开发不同的App，进而构建基于工业互联网平台的产业生态。

例如，一家汽车生产企业计划将其生产的刹车片召回。传统制造企业的做法是先通过各种软件探寻问题来源，随后利用生产管理、库存管理系统查看存货，之后再通过销售和售后系统查看市面上的销售情况，最后汇总得出需要召回的总量。而如果该制造企业应用了工业互联网，这一流程将变得十分简单，只需一个搭载召回功能的 App。App 会自行按照逻辑顺序调用研发、生产、物流、库存管理、销售、售后等工业微服务组件，使所有召回信息一目了然地呈现出来。

在电脑互联网领域，微软系统曾经一统天下；在移动互联网领域，安卓系统和 iOS 系统几乎占了半壁江山。但是在工业互联网领域，目前各国还都在寻找出路，能够统领整个工业互联网领域的平台尚未出现，这证明我国还有很多的机会。

制造业的发展与国家发展息息相关，我国是世界第一制造大国，拥有全面的制造生产技术。如果我国能抓住工业互联网的机遇，创造出具有领先地位的工业云操作系统，推动工业互联网技术、产品、平台和服务的“引进来”和“走出去”，促进我国工业转型升级，实现工业互联网全球协同发展，我国将有可能在新一轮的工业革命中掌握主导权，实现我国从制造大国转变为制造强国的梦想。

1.2.2 突破增长极限的法宝

最近几年，我国在制造行业取得的辉煌成就全世界有目共睹，然而这并不意味着我国的制造技术已经能与发达国家相提并论。由于我国制造业信息化水平不高，导致我国工业信息化与工业化发展整体脱节，制造业大而不强，全而不优。为了弥补我国工业发展存在的不足，建设工业互联网迫在眉睫。

通过工业互联网推动工业制造业高质量、高效率的发展现今已经成为全世界的共识。德国基于多年累积的深厚工业积淀，率先提出了工业 4.0 的概念，意在通过互联网与制造业的结合提高国家的工业信息化、智能化水平。而拥有信息化水平较高的制造企业的美国，在发展设备数字化率、联网率等方面也具有其他国家不可比拟的优势。

虽然我国的工业发展还落后于德国和美国，但是我国也在面对工业互联网这一新的工业发展机遇时牢牢跟紧时代步伐，与德国和美国同步发展工业互联网。虽然我国在各方面依旧存在不足，面临许多挑战，但是我国也有着自己的独特优势。

我国在发展工业互联网方面具有以下三个优势。

第一，我国是互联网强国，某些中国互联网企业在世界互联网企业中占据重要地位，而且实力雄厚。工业互联网也是互联网的一类，如果我国能充分发挥在互联网方面的优势，将突破口锁定在消费领域，定能在工业互联网的建设中抢占先机。

第二，目前，世界上还没有一个国家将人工智能、大数据、云计算和网络安全作为国家级重大科技专项实施，这一个空缺将为我国实现弯道超车提供良好机遇。

第三，我国的制造业群体十分强大，并掌握了一定的工业互联网建造核心技术，如果我国在今后能出台更多的政策，引导社会重视工业互联网的建设，并进一步加强对知识产权的保护，构建良好的制造业发展生态，我国工业互联网与制造业定能实现相辅相成的高质量发展。

工业互联网首先是实现工业联网，并根据工业与网络的链接使生产设备具有感知的能力。下一步，如果我们能将工业互联网与智能制造结合，我国工业互联网的建设将迈入一个新的高度。未来很可能会出现这样的生产情景：器件加工完成后，下一个环节自动衔接，最后通过计算为已经成型的产品提供个性化服务。这样环环相扣，会让工业生产变得具有智慧。

工业互联网的建设与应用不仅能够突破我国制造业增长的极限，推动我国制造业的飞速发展，而且工业互联网还能探索出数字经济的发展方向和今后我国产业转型的路径、方法。工业互联网的建成将会带动我国整体经济增长。

虽然工业互联网的建成有着如此重大价值，但是目前，我国对工业互联网的认识与探索依旧有所不足，特别在应用模式、推广模式和商业模式方面，我国仍面临重重挑战。

1.2.3 工业互联网深层智能化过程中的难点

2019 年，国务院政府工作报告指出，我国要打造工业互联网平台，拓展“智能+”为制造业转型升级赋能。但是与发达国家相比，我国工业互联网的发展仍面临诸多难题，我国工业互联网想要实现飞速发展还需要一些时间。

工业互联网的建设涉及面较广，其中，不仅包括工厂内部网络，还包括工厂外部网络，以及数量巨大的异构设备的数字化、网络化、智能化改造，而且工业互联网将对系统的开放性，系统间的互联、互通、互操作有更高的要求。这不仅意味着工业互联网对设备和系统联网及协同需求的上升，还意味着新标准化的建立也将成为迫切的需求。

标准化的问题涉及工业互联网的各方面，包括在系统中集成新旧设备，对设备和资源进行识别、标识和寻址，在海量数据中搜寻有效信息，对数据的管理和应用，实现系统中大量异构设备和节点间实时可靠的互连。可以说，标准化的问题在很大程度上会影响工业互联网的发展。

因此，建立数据标准、标识解析标准、工业互联网领域网络互联标准、平台与支撑标准、安全标准及数据表示的通用标准等是促进工业互联网发展的迫切需求。

推进我国工业互联网标准化建设，要同时兼顾问题导向和目标导向，只有这样，才能充分认识并有针对性地解决工业互联网标准化建设的问题。

第一，工业企业在工业互联网标准化建设中应进一步发挥其主体地位。

由于我国工业化和信息化发展的历史原因，相较于工业化发展较早的国家，我国工业企业在标准化建设中的主体地位仍有待加强。

由于工业企业自己最了解在数据化、网络化、智能化发展中的需求，以及在发展中遇到的问题，因此，工业企业应是工业互联网标准化建设的主要力量。接下来，我国工业互联网标准化的建设应着重挖掘我国工业企业对标准的需求，并以需求为导向，找准突破口，由工业企业带头，推动我国工业互联网标准化的建设。

第二，我国工业互联网标准化的协调机制还需进一步优化。

按行业类别进行垂直化管理是我国工业互联网标准化工作主要采用的方式，同时，我国工业领域与信息通信领域在标准化建设过程中还尚未发挥出有效的合力效果，二者在标准化建设中的合作机制还需要进一步完善。另外，我国信息通信领域的局部优势依旧尚未完全转化为工业互联网的整体优势。

工业互联网的出现还促进了新模式、新业态和新产品的诞生，这为标准化管理带来了新的空白区和重叠区。同时，随着各联盟、团体标准的增加，不仅这些标准相互之间要建立完备的协同机制，这些标准还要与国家及行业标准建立协同机制。

第三，工业互联网新标准的发展空间正遭受着已有工业网络技术体系和生态系统的挤压。

技术标准是技术产业生态中的重要组成部分，因此，技术标准之间的竞争实质就是不同技术生态之间的竞争。目前，发达国家及其龙头企业已经率先利用自身技术优势，建立了一套相对完备的且富有竞争力的产业生态。我国制造企业从国外引进先进设备与系统造成了我国制造企业对国外产业生态的依赖，这也意味着对其标准的依赖，并且这种依赖是随着设备与系统的升级而不断加深的。

在这种情况下，我国工业互联网发展将同时面临两种压力，这两种压力一种来源于社会对新技术标准的提高，另一种来源于已有技术标准。为了打破原有的国外的技术标准限制，制造企业一定要抓住信息通信技术与工业深度融合的机遇，利用互联网思维，开辟出新技术发展方向，实现换轨超车。

第四，我国工业互联网标准化对新模式、新方法的适应能力较差，并且应对方法不足。

受工业领域的国际化工作正由国际标准化组织逐渐向各类联盟、论坛、基金会等机构转移的影响，工业互联网标准的建立也正逐渐试图摆脱政府及传统势力的控制。开源技术对国际标准的取代作用逐渐增强，加之国际上工业领域的开源组织和功能相近的论坛、社区也十分活跃，这大大提高了标准的研制速度，因此，留给制造企业跟进的时间越来越少，赶超难度逐渐加大。

在这种情况下，我国一是要积极主动地参加到主流开源组织中，主动融入主流生态；二是要选择优势领域，自主探索，建立新的开源组织和新的产业生态。

工业互联网是一个崭新的标准化工作领域。为探索出一条独具中国特色的工业互联网标准化道路，加快我国工业互联网建设，为我国的制造强国梦想助力，我国技术部门及各制造企业仍需努力。

1.3 工业互联网系统三大核心要素

构建一个完整的工业互联网系统需要三大要素，分别是用于数据采集的传感设备、智能化的控制系统及可实现的智慧化决策。

1.3.1 用于数据采集的传感设备

很多专家认为，建设工业互联网是从数据采集开始的。的确，没有数据，就无法分析需求、有效感知、科学决策。这就是人们常说的巧妇难为无米之炊。因此，在建设工业互联网时，数据采集是非常重要的环节。

一般来说，数据采集的准确性、完整性，在很大程度上可以决定需求分析、感知和决策的真实性和可靠性。AI（Artificial Intelligence，人工智能）时代，数据采集可以为工业互联网带来以下 3 个优势，如图 1-2 所示。

1. 提升自动化，避免人工作业的低效高耗

早前，数据采集的方法有人工录入、电话访问、调查问卷等，但随着 AI 时代的到来，这些方法已经不再适用。如今，很多制造企业都开始引入 iOS 系统或安卓系统的数据采集软件，这些软件可以采集某些基础数据，例如，用户偏好、流失比例、消费情况等。此外，在大规模采集数据时，网络爬虫也是一种比较不错的方法。

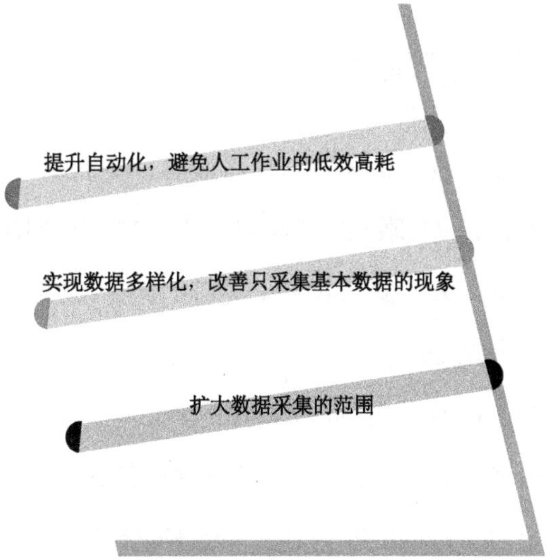

图 1-2　数据采集为智能制造带来的 3 个优势

2．实现数据多样化，改善只采集基本数据的现象

AI 时代的数据采集，除了要采集基础的结构化交易数据，还要采集一些具有潜在意义的数据，例如，网状的社交关系数据、文本或音频类型的反馈数据、半结构化的用户行为数据或周期性数据等。

3．扩大数据采集的范围

在工业领域中，常见的数据采集装置是传感器，通常用于自动检测、控制等环节。目前，以传感器为基础的大数据应用还不成熟，但在未来，随着便携传感器和大数据平台的不断增多，数据采集的范围将会扩大，进而帮助制造企业生产出更受用户欢迎的产品。

可见，随着工业互联网的发展，无论是数据采集的方法，还是数据采集的数据类型，抑或是数据采集的广泛性，都会比之前有很大提升。当然，对工业和制造企业来说，这样的提升非常有必要，是实现转型升级的关键。

1.3.2 智能化的控制系统

建设工业互联网是工业 4.0 与中国制造强国战略的共同的重要目标。在科技发展如此迅速的今天，工业互联已经不再是一个设想，而是切实可行的奋斗目标。随着人工智能、云计算、大数据与网络互联等高新技术在工业领域内的融合与应用，制造业将迎来新一轮变革。

在工业互联网与工业融合成为必然趋势的背景下，工业互联网将需要什么样的运动控制系统，成为了值得研究人员认真思考的问题。

随着制造业的发展，传统的控制方式已经不能满足生产设备自动化、数字化的要求，而且由于控制系统涵盖的范围越来越广泛，因此，集成化、智能化、自动化是当代控制系统发展的必然趋势。

集成化是网络控制系统的发展方向之一。控制系统集成化能进一步提高控制系统的整体性能，实现不同功能硬件的融合。例如，作为上位机的 PLC（可编程逻辑控制器）与工控机，以及作为执行机构的驱动器与电机，它们之间过去是并行的关系，而在网络化控制系统中，PLC 将会实现与工控机的融合，驱动器也能和电机融合起来实现高度集成，进而充分发挥网络化控制系统的优势。

如果从这个角度看市面上已有的产品，除了优爱宝机器人开发的将工控机与 PLC 结合起来的微型控制电脑、驱控一体机等在集成化方面做到先行一步的产品外，大部分产品只能说尚处于过渡时期。

智能化是网络化控制系统区别于传统控制系统的一个重要特点，这也是网络化控制系统强于传统控制系统的一个表现。智能化与集成化密不可分，二者会分别在简化控制系统架构和降低应用难度方面给予用户更好的体验。

控制系统自动化的最终环节是电机能自动按照指令运行。与过去的设备相比，自动化设备电机的轴数有了明显的增加。因此，如何完美地控制有大量轴数的电机，并使其做出各种复杂动作是如今的控制系统必须面对的难题，网络化控制系统的重要作用之一就是解决传统控制系统解决不了的硬件、软件，甚至电气的问题。

传统的以太网（Ethernet）、以太网控制自动化技术（EtherCAT）、实时以太网（PROFINET），以及已经获得广泛应用的控制器局域网总线技术（CAN-bus）都是控制系统厂商提高系统附加值的尝试，同时，这些也是网络化控制系统市场需求的重要体现。

总之，为了提升控制系统的性能，工业控制系统向集成化、智能化与自动化方向发展是必然趋势。网络化控制系统的开发并不算一件难事，但是其中的关键问题是如何将控制方案做到稳定、容易上手，这两点的实现是控制系统厂商在市场中取得持续竞争力的关键。

1.3.3 可实现的智慧化决策

智能决策是工业互联网的长远愿景，也是工业互联网发展的主要目标，如果这一美好愿景能够实现，工业互联网将会使整个社会获得如同第一、第二次工业革命所带来的生产力水平的飞速提升。

随着时代的发展，目前的工业制造业已经迈向了数据时代。大数据为当代制造企业创造的价值数不胜数，对大数据、云计算等有正确认识的制造企业将更能掌握时代风向，向着正确的方向发展。

工业互联网将利用大数据、云计算及机器学习、人工智能等帮助制造企业管理者制定正确的决策。工业互联网的强大优势将在智慧决策中得到完美的体现。工业互联网会在其配备的传感设备与控制系统中收集数据信息，促进机器由数据驱动产生学习行为，这样就能使操作人员将部分机器和网络的运行职能移交给更可靠的数字系统。

工业互联网的关键技术是利用大数据实现智慧决策。大数据决策是基于运筹学、统计学和管理学等学科，结合物联网与大数据的挖掘与分析，再加上机器深度学习等多项技术，目的是为制造企业提供实时监控与快速决策。

当工业互联网在传感设备与控制系统中提取到充足且合适的数据时，工业互联网的智能决策就已经开始了。工业互联网的智能决策对复杂的系统，以及机器互联、设备互联、组织互联形成的庞大网络来说十分必要。简而言之，智能决策就是为了应对系统的复杂性而诞生的。

富士康工业互联网副董事长李杰简要地概括了他所理解的工业互联网，他认为工业互联网的本质就是 D2D（DATA TO DECISION），也就是利用数据做决策。

当工业互联网的三大核心要素，传感设备、控制系统、组织与网络实现结合时，工业互联网就能充分发挥其全部潜能，并通过提高生产率、降低生产成本的方式实现我国工业制造业的转型升级。

1.4 工业互联网现状及利好优势

目前，在各种利好政策的推动下，工业互联网已经走上了发展的快车道，面对已经能够预料到的工业互联网应用的美好未来，各个企业应顺应时势，拥抱时代变化。

1.4.1 “再工业化”战略

1950 年之前，美国曾一度成为全球最大的制造业生产基地，当时“Made in USA”的标志随处可见，无论是低端的剃须刀、电视机，还是高端的飞机、轮船都可以在上面找到这一标志。

而随着第三次科技革命的发展，美国依靠以互联网为代表的虚拟经济获得了巨大的利益，制造业则陆续从美国淡出。此时，美国视制造业为夕阳产业，投资者往往也对制造业敬而远之。

但是之后的金融危机向美国证明互联网经济解决不了所有问题，唯有制造业与互联网共同发展，才能让美国的经济长期占有优势地位。于是，在奥巴马执政后，美国掀起了一系列“再工业化”的改革浪潮。美国政府希望美国经济走可持续增长的路线，重新重视国内产业，尤其是制造业的发展，通过增加制造业出口，回归实体经济，最后使实体经济与虚拟经济互为依托，这就是美国的“再工业化”战略。

其实，美国的制造业并不弱，虽然制造业在美国经济所占比重仅为 15%，但由于经济总量巨大，美国制造业占全球的份额仍高达 20%左右，美国仍然是世界制造业强国。

而美国希望通过“再工业化”重振本土工业是经过多方面考量的。一是德国与日本先进的制造业已经威胁到了美国制造业的主导地位；二是美国希望通过技术创新使制造业像互联网一样成为高端产业；三是美国希望通过“再工业化”，带动美国经济复苏，尽快走出金融危机的泥潭。

1.4.2 成立工业互联网联盟

美国政府一直很务实。自 2009 年 4 月奥巴马上任之时，美国政府就将重振制造业作为美国优先发展的国家型战略。2009 年 12 月，《重振美国制造业框架》方案出台，该方案对美国制造业的现状及发展趋势作了深刻的说明，不少华尔街机构将此作为美国重振制造业的信号。此后，一些具体实施办法也陆续公布。

2011 年 6 月，美国启动了旨在抢占制造业上游控制权的“先进制造伙伴计划”。2012 年 2 月，美国通过一些有利政策鼓励制造企业回归美国本土。

2012 年 3 月，美国政府提出“国家制造业创新网络”计划。该计划指出，今后将通过高校与制造业的联合，建立 45 个研究中心。

2012 年 8 月，美国成立了 3D 打印机制造创新研究所，并联合出资约 7 亿美元。此后各种研究所陆续成立，如轻型和当代金属制造创新研究所、数字制造和设计创新研究所、新一代电力电子制造研究所和复合材料制造研究所等。

2013 年 1 月，美国政府公布了《国家制造业创新网络初步实施办法》，该办法指出，美国将投资约 70 亿美元建立美国制造业创新网络（NNMI）。这是为了通过技术手段，如数字化、新能源及新材料等推动制造业的创新进程，并将此创新队伍打造成拥有先进制造业能力的创新集群。

美国制造业创新网络与工业 4.0 极度吻合，其涉及 3D 打印、数字化小批量生产和大数据等技术，很显然这是美国实施工业 4.0 的前奏。

再后来，由通用电气公司提出，并由美国政府主导的工业互联网联盟成立了。工业互联网联盟（IIC）由通用电气、思科、IBM、英特尔和 AT&T 等 IT 企业组成，之后又有一些新的企业成员加入。此联盟采用开放机制，共享许多核心数据。与德国工业 4.0 相比，该联盟做得更深入，如云存储、人机互联和大数据分析等都是该联盟的研究课题。此联盟的目的是通过与 IT 技术合作，让 IT 激活制造业，实现物理世界与数字世界融合。

对美国政府来说，此项工程工作量很大，需要三年甚至三十年的时间来完成。不过，一旦实现，就可以通过传感设备、网络设备、云计算系统和数据分析系统等使美国的传统制造业的效率实现大幅度提升。

1.4.3 产业规模已达万亿级

对于工业互联网发展前景，前瞻产业研究院曾做出《工业互联网产业发展前景预测与投资战略规划分析报告》，报告中的数据显示，2013 年，我国工业互联网市场规模达 207 亿元，2015 年实现 2 593 亿元的飞跃增长，达到 2 800 亿元的规模，并且这一增长趋势还在上升。2017 年，工业互联网达到 5 700 亿元的规模，如果按每年 18%的增长率计算，2020 年工业互联网市场预计将达到近万亿元的规模。并且，从增长率来讲，2018—2020 年工业互联网平台会有一个爆发式的增长。我国工业互联网市场空间增长趋势如图 1-3 所示。

为支持工业互联网的发展，工信部、财政部等部委出台了《工业互联网发展行动计划（2018—2020 年）》《工业互联网专项工作组 2018 年工作计划》《2018 年工业转型升级资金工作指南》等多项政策。随着国家对工业互联网的重视，支持政策连续落地，工业互联网得到了强大助力，其产业发展必将迈进飞速发展期。

《工业互联网发展行动计划（2018—2020 年）》中提到，到 2020 年年底，我国将实现“初步建成工业互联网基础设施和产业体系”的发展目标，其中具体包括建成 5 个左右标识解析国家顶级节点，遴选 10 个左右跨行业、跨领域平台，推动 30 万家以上工业企业上云，培育超过 30 万个工业 App 等内容。

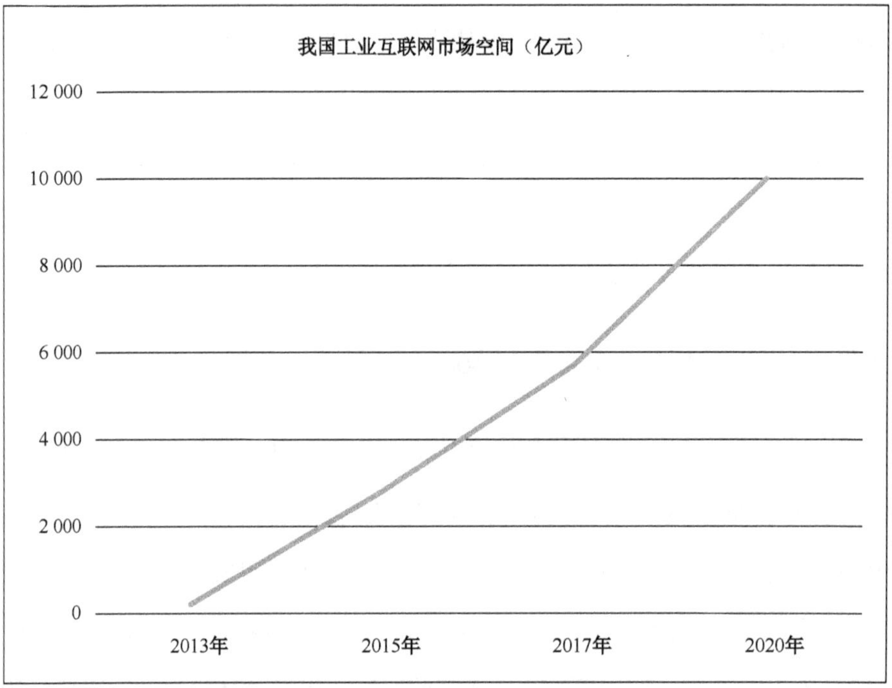

图 1-3　我国工业互联网市场空间增长趋势

2015 年与 2016 年通用电气与西门子在全球范围开放了其工业互联网平台的标准，对全世界工业互联网的发展起到推动作用，因此，自 2017 年以来，我国工业互联网发展呈良好态势。据工业和信息化部统计，截至 2018 年底，我国已经诞生了 269 个工业互联网平台，我国工业互联网正处于蓬勃发展时期。

1.5　当下主流工业互联网商业模式

在多种因素的合力支持下，我国具有一定行业、区域影响力的工业互联网平台已超过 50 家，其中，重点平台平均连接设备数量达 59 万台。虽然数据可观，但目前我国工业互联网依旧在进行初期的探索，还需继续探索成熟的商业模式。

从目前来看，我国主流的工业互联网商业模式有网络化协同、智能化生产、个性化定制和服务化延伸4种。

1.5.1 网络化协同

网络化协同的实现是通过对信息技术及网络技术的应用，将产品研发、产品产业链、企业管理三者与产品设计、产品制造管理、产品服务周期、产品供应链管理、用户关系管理有机结合起来，实现制造企业从单一的制造环节延伸到设计与研发环节的价值链转变，从上游扩展到生产制造环节的管理链转变。简而言之，将工程、生产制造、供应链和企业管理聚集起来形成的制造系统就是网络化协同模式。

各制造企业可以通过航天云网平台的CMSS云制造支持系统，了解工业互联网的网络化协同商业模式。

CMSS云制造支持系统主要包括工业品营销与采购全流程服务支持系统、制造能力与生产性服务外协与协外全流程服务支持系统、企业间协同制造全流程支持系统、项目级和企业级智能制造全流程支持系统四个方面。

CMSS云制造支持系统的“一脑一舱两室两站一淘金”，即企业大脑、企业驾驶舱、云端业务工作室、云端应用工作室、小微企业服务站、企业上云服务站和淘金产品的系统级工业。该应用所提供的服务能够满足各类企业参与云制造产业集群生态建设的需求。

网络化协同模式的应用能够使分散在各处的生产设备、智力资源和各种核心能力聚集在平台之上，该模式既能提高制造企业的生产质量，又能降低企业的生产成本，是一举两得的先进制造方式。未来，网络化协同在我国工业互联网平台的大规模应用，极有可能将我国制造行业转型升级推向一个新高度。

工业领域云平台的搭建，云制造产业集群生态的打造，将企业工作重点放在了资源配置与业务流程的优化上，逐步实现从省钱到赚钱，再到生钱的“三步走”。通过走自上而下逐步深化的路线，配合我国工业的整体转型，最终实现从云制造到协同制造，再到智能制造，这也是航天云网成立初期就定下的发展路线。

1.5.2 智能化生产

利用先进制造工具与网络信息技术推动生产流程智能化发展，让数据信息能够做到跨系统流动、采集、分析与优化，实现设备性能感知、过程优化、智能排产等智能化生产方式，这些都是智能化生产商业模式的主要特点。关于智能化生产模式的理解，制造企业可以参考富士康集团开发的工业互联网平台BEACON。

通过整合工业互联网、大数据、云计算等软件及工业机器人、传感器、交换机等硬件，BEACON 平台实现了端到端的控制与管理。为了制造出开放、共享的工业级 App，BEACON 平台聚集了多种设备数据，集中处理生产数据，并根据这些信息对产业专业理论进行了分析。

通过对生产流程的优化和改造，推动制造企业制造流程的数字化、网络化和智能化是发展智能化生产模式的主要目的。在这种模式的带领下，我国工业制造业的未来发展将大有可期。

1.5.3 个性化定制

个性化定制商业模式主要以海尔的 COSMOPlat 工业互联网平台为代表。

COSMOPlat 工业互联网平台主要分为四层。首先是为聚合全球资源，以分布式的方式调度各类资源，并使各类资源实现最优搭配的资源层；其次是为支持制造企业应用的快速开发、部署、运行、集成，将工业技术软件化的平台层；再次是提供互联工厂应用服务，输出全流程解决方案的应用层；最后是在互联工厂的基础上，实现资源共享的模式层。

COSMOPlat 工业互联网平台的主要作用是实现制造企业大规模定制的要求。为了实现这一需求，COSMOPlat 工业互联网平台聚集了系统集成商、独立软件供应商、技术合作伙伴、解决方案提供商和渠道经销商，致力于打造工业新生态。

在使用该平台时，用户只需通过智能设备，如手机或电脑等向平台提出需求，COSMOPlat 工业互联网平台将在检测到该需求积累到一定程度后，通过已经与其平台建立连接的互联工厂进行需求产品的研发与生产，最后给予用户所期望的个性化产品。

由此可见，COSMOPlat 工业互联网平台完全符合工业互联网商业模式中的个性定制化模式，它以用户参与产品生产流程、为用户提供定制化服务、个性化消费需求为特征，几乎完全颠覆了过去统一设计、标准化大批量生产、同质化消费的传统生产模式。在工业互联网的应用背景下，用户已经不再只有消费者这一单一身份，作为消费者的同时，用户也是产品的设计者和生产者，这样以用户需求为生产前提的生产模式将实现制造企业生产产品与消费需求的完美契合。

这种颠覆传统的个性化定制形成了以用户需求为主导的全新商业模式，实现了用户在交互、定制、设计、采购、生产、物流和服务等环节的全流程参与。可以预见的是，如果这种商业模式可以大规模复制到其他行业和领域，很可能会引发新一轮制造业的生产革命，前景可期。

1.5.4 服务化延伸

制造企业在其产品上增加智能模块，通过产品与网络的链接实现企业对产品运行数据的采集，并在进行大数据分析后为用户提供更多的智能服务，逐渐使企业从单纯地卖产品扩展到卖服务。

由树根互联打造的根云平台是服务化延伸商业模式的主要代表，其中以MRM平台和IOM平台最具代表性。MRM平台是在机器互联及对数据的收集整理的基础上，与云端数据存储、数据分析和智能服务平台对接，为制造企业提供设备跟踪、故障预测、资产管理和保险金融研发辅助等服务。IOM平台则是为各种设备提供包含物联监控、智能服务、能耗耗材、共享租赁和改装再造等多个环节的360度的全生命周期管理，其目的是帮助制造企业提高生产效率，促进商业创新。

工业互联网平台对设备数据的采集是其帮助制造企业监控设备运行情况、实施大数据分析，从而推动企业运营管理模式的转换，提高企业运营效率，实现企业运行数据可视化的手段。此外，工业互联网平台的使用还能给制造企业带来更多其他价值，促进企业工业模式创新。

目前，我国制造业已经由以提供产品为中心转向以提供服务为中心，在这样的社会发展大背景下，服务化延伸商业模式将更有利于制造企业延伸其价值链条，增加可获利空间。当制造企业将这一商业模式发展到一定程度时，该模式甚至有可能成为企业核心竞争力的来源。

网络化协同、智能化生产、个性化定制及服务化延伸4种工业互联网主流商业模式哪一个更具优势，这还需要各制造企业的长期试验证明。除了这4种主流工业互联网商业模式，各制造企业也可以发散思维采取其他模式，比如美国参数技术公司就通过委托代理商直接将工业互联网平台当作一种产品销售，以供其他企业应用及二次开发，也是一种可行的工业互联网商业模式。

虽然目前我国制造业龙头企业都在积极探索工业互联网的应用，也有了如上述提到的优秀的工业互联网平台，但是我国工业互联网发展还面临很多问题，在这一道路上，我国还有很长的路要走，对于这一点，各制造企业也要清楚。

PART TWO

第 2 部分

详解工业互联网关键要素

第 2 章

工业互联网体系架构模型

2019 年 8 月 27 日，工业互联网产业联盟在中国国际智能产业博览会上发布了我国工业互联网体系架构，重新定义了工业互联网的基本要素、功能体系及技术路线。这一体系架构将在今后我国工业互联网应用上起到重要的指导作用，有利于我国科研机构、制造企业等对工业互联网的开发与利用，促进我国工业互联网的逐渐完善。

2.1 工业互联网网络体系架构

网络、数据及安全是工业和互联网共同的基础和支撑，其中网络是工业系统与数据传输的媒介，包括网络互联体系、地址与标识解析系统，以及应用支撑体系。

2.1.1 网络互联体系

工业互联网网络体系分为工厂内部网络和外部网络两种。

工业互联网中的工厂内部网络方案主要包括 5 个环节。

第一个是工厂 IT 网络。无论是适应互联网发展，还是工厂内生产监控终端的接入，这两者都要求制造企业工厂 IT 网络应该支持 IPv6（互联网协议第六版）或 IPv4（互联网协议第四版）/IPv6 双栈。

第二个是工厂 OT（Operation Technology，操作技术）网络。现场总线已经成为过去，工业以太网将是未来操作的新趋势，实现“e 网到底”。同时，制造企业还应在以太网的基础上延伸实现智能机器、传感器、执行器等设备的 IP 化或 IPv6 化。

第三个是智能机器与生产品的连接。智能机器、传感器、生产品等生产设备与产品与 IT 网络的连接将实现工业互联网对生产过程产生数据的实时采集。

第四个是泛在的无线连接。无线技术的应用将实现制造企业中智能机器、传感器、生产品及运输设备的连接。制造企业可以根据设备耗能及传输距离的需求采用多种无线技术。

第五个是基于 SON（Self-Organized Networks，自组织网络）的 IT/OT 组网方案。IT 网络和 OT 网络都是通过 SON 技术实现控制平面与转发平面的分离，同时，SON 控制器与制造控制系统的联合应用还能对制造企业的网络资源进行调动，以支撑制造企业的制造和生产自组织。

工厂外部网络方案主要包括 4 个环节。

由于工业互联网的终端数量巨大，因此，工业互联网必须部署 IPv6 网络。可能有些制造企业无法马上搭载 IPv6 网络，那就要设计从 IPv4 网络过渡到 IPv6 网络的方案。如果制造企业对网络质量有更高的需求，或是需要处理一些关键性的业务，那么制造企业就需要考虑应用专网或是 VPN（Virtual Private Network，虚拟专用网络）技术。

工厂外部网络还包括泛在无线接入。制造企业可以通过对 NB-IoT（Narrow Band Internet of Things，窄带物联网）、LTE（Long Term Evolution，长期演进）增强以及 5G 技术等实现多种智能产品的无线接入。工厂外部网络还应支持工业云平台的接入和数据采集。工厂外部网络应支持企业信息化系统、生产控制系统以及各种智能产品向工业云平台的数据传输。

2.1.2 地址与标识解析体系

建设工业互联网发展需要大量的 IP 地址。在大量智能机器、产品的接入下，过去的 IPv4 网络已经很难满足未来工业互联网的发展需求，因此，使用 IPv6 网络已经是未来工业互联网的必然要求。IPv6 不仅能解决工业互联网对地址的需求问题，还能为工业内网中的设备提供全球唯一地址，有效推进了制造企业的数据交互和信息整合。

从工业互联网中标识及标识解析体系的现状来看，标识解析体系已经在工业互联网中占据了关键的地位。

对于工业互联网中标识的理解，制造企业可以将它类比为互联网中的域名，是识别和管理物品、信息还有设备的关键基础性资源。而工业互联网中的标识解析系统就类似于互联网中的域名解析系统，是网络能够做到互联互通的保证。

为了能够适应未来工业互联网的发展，制造企业需要对当前的标识解析系统做出一些改善，具体的改善方案如下。

第一，在功能方面，未来的标识解析系统要在兼容性和扩展性上有所改进，这是因为工业互联网中的主题对象来源复杂，并且标识形式多样，所以很难做到标识的统一。

第二，由于未来工业互联网的标识数据将远超现在的工业互联网的标识数据，导致未来的工业互联网对标识解析系统的高效性及可靠度要求更高，因此，这一点应该作为制造企业对标识解析系统性能上改造的重点。

另外，工厂内的柔性制造等特定场景未来将普遍存在于制造企业之中，因此，在性能方面标识解析系统还应在低延迟解析上做好升级。

第三，由于标识解析系统中存有大量的关系国计民生的重要数据，因此在安全方面，制造企业一定要提升标识解析系统隐私保护、真实认证、抗攻击、抗溯源的能力。

第四，标识是工业互联网的关键基础资源，能够对制造企业的制造生产状态作出反应和统计，因此，在标识解析系统的管控方面，制造企业还应秉持公正平等的治理理念。

目前，我国工业互联网的标识解析系统还在发展之中，工业互联网是否能够满足功能、性能、安全与管控方面的需求，还需要在具体应用中进行验证。

2.1.3 应用支撑体系

实现工业互联网应用、系统与设备间数据集成的应用使能技术、工业互联网应用服务平台及服务化封装与集成是工业互联网应用支撑体系的 3 个层面。

制造企业内部或其与互联网数据分析平台间数据集成和互操作的基础协议即工业互联网的应用、系统与设备集成的应用使能技术。应用使能技术同互联网中的 HTML（超文本标记语言）等协议相似，使不同的操作系统及硬件架构能够做到在数据层面的相互理解，简单来讲就是实现信息集成与互操作。

目前，大多数制造企业使用的应用使能技术是 OPC（OLE for Process Control，用于过程控制的 OLE），为了能够达到被其他系统获取和集成的目的，OPC 定义了一套不同系统及硬件架构都可用的数据描述方式和信息模型，使不同系统能够利用 OPC 规定的格式重新组织各自的数据信息。

能够将各类工业云平台的服务能力和资源进行统一部署是工业互联网应用服务平台的主要作用，其目的是向中小制造企业提供在线设计研发、协同开发等工业云计算服务。

在为制造企业提供设计资源和工具服务时，应用服务平台能利用在线的集成设计云服务支撑起服务的供应。如果制造企业有高效整合制造资源的需求，则制造企业也可以利用应用服务平台在云平台的基础上开展多方协作，以及设计众包等开发形式实现自身需求。

现今，一些工业云服务平台也在逐渐问世，这些平台在利用应用使能技术的前提下，对生产现场的数据进行采集和分析，制造企业将利用其输出的结果进行企业管理和企业决策。

服务化集成主要存在于工厂运营层信息系统中，很多企业会利用 ESB（Enterprise Service Bus，企业服务总线）把 CRM（Customer Relationship Management，客户关系管理）、ERP（Enterprise Resource Planning，企业资源计划）和 MES（Manufacturing Execution System，生产过程执行系统）等通过 SOA（Service-Oriented Architecture，传统服务化）重新进行组织，提供企业运营所需的基础管理。

2.2 工业互联网数据体系架构

发展工业大数据已经成为我国工业制造业发展的重要战略，为推进我国工业大数据的发展，2019 年 9 月 4 日，工业和信息化部编制了《工业化大数据发展指导意见（征求意见稿）》，该意见稿指出，工业大数据是制造业数字化、网络化、智能化发展的基础性战略资源，正在对制造业生产方式、运行模式、生态体系产生重大而深远的影响。目前，我国工业大数据发展和应用具备一定基础，但也存在数据价值开发不足、技术实力需增强、企业积极性有待提高等问题。

2.2.1 工业互联网大数据功能架构

现今的工业大数据架构体系参考了工业互联网联盟在 2016 年发布的《工业互联网体系架构（1.0）》中对工业互联网数据体系架构的描述。工业互联网的架构分为数据采集与交换、数据集成与处理、数据建模与分析和数据驱动下的决策与控制应用四个层次。

数据采集与交换层的主要功能是从不同的数据源获取相应的信息，数据源包括设备搭载的传感器、SCADA（Supervisory Control And Data Acquisition，数据采集与监视系统）、MES 和 ERP 等内部系统，以及其他企业外部数据源。制造企业要想实现数据采集与交换层的各种功能就需要做好采集工具、数据预处理工具和数据交换工具的建设，这些都是数据采集与交换层工作运行的必要工具。数据采集与交换层的使用旨在帮助制造企业实现不同系统数据的相互交叉。

从功能上看，数据集成与处理层的主要任务是把实体的物理系统抽象化和虚拟化，以产品、产线、供应链等为主题各自建立数据库，并建立合理的数据模型，将得到的转换数据与虚拟制造中的产品、设备、产线等实体做好关联。

从技术层次上看，数据集成与处理层的主要职能是从原始的、未经过处理的数据中抽取需要的数据，并在对数据进行转化后再将数据储存起来并进行集中管理。另外，数据集成与处理层还可以为下一步的数据计算提供引擎服务，方便数据的查找、批量计算及流式计算任务的完成，并为建模工具提供数据访问和计算端口。

总之，数据集成与处理层主要涉及的内容是对原始数据的抽取和转换、对处理后数据的储存与管理、提供数据查询与计算服务以及提供数据服务接口。

在经过数据集成与处理层的处理，以及虚拟化的实体上的仿真测试、流程分析、运营分析后，原始数据中隐藏的模式和支持被提取出来，为制造企业的产生决策提供参考，这就是数据建模与分析层的主要任务。

提供各种数据报表、形成知识库、促进机器学习、提供统计分析和规则引擎等数据分析工具是数据建模与分析层的主要职能。

数据决策与控制层是基于数据建模与分析层得出的结果，生成描述、诊断、预测、决策及控制等应用，直接生成控制指令或是对已有决策进行进一步优化，进而对整个工业系统产生影响，实现制造企业生产产品的个性化、生产过程的智能化、生产组织协同化和服务化制造的新型生产模式，最终形成从数据采集、设备、生产现场、到企业运营管理优化之间的完美闭环。

2.2.2 工业互联网大数据应用场景

工业大数据的应用将会给制造企业带来巨大变革已经是一种必然趋势。在互联网、移动物联网等技术所带来的低成本感知、高速移动连接、分布式计算和高级分析的背景下，信息技术与工业制造业的融合正在逐步深化。两者的深度融合将促进制造企业的产品研发、生产、运营、营销和管理方式的极大创新，为制造企业带来了高速、高效的发展。

工业大数据在制造企业中的具体应用形式多种多样，本节将举例说明几个工业大数据在制造企业的应用场景。

首先是在产品故障诊断与预测方面的工业大数据应用。

传感器与工业互联网技术的应用使制造企业实时诊断产品故障的愿望不

再是想象，预测动态性也将在工业大数据的应用下成为可能。

在马来西亚航空公司 MH370 航班失联事件中，波音公司提供的发动机运转数据在确定飞机失联路径时发挥了重大作用，可以说该数据在很大程度上影响了搜查的进度。波音公司的发动机运转数据的表现让我们看到了大数据的力量，接下来，我们讨论波音公司的工业大数据在产品故障诊断方面发挥了怎样的作用。

波音飞机上安装的发动机、燃油系统、液压和电力系统等数以百计的设备产生的构成了飞机的在航状态数据，飞机中各系统搭载的传感器每隔几微秒就会对系统产生的数据进行测量，并发送回地面部门。

以波音 737 为例，在飞行过程中，其发动机每 30 分钟产生的数据大约 10TB。这些数据不仅应用在工程师分析飞机状态时，还能应用在飞机的实时自适应控制、燃油使用、零件故障预测和飞行员通报等方面，能够有效实现故障诊断和预测。

建立在美国亚特兰大的通用电气能源监测和诊断中心主要负责对全球 50 多个国家上千台 GE 燃气轮机数据进行收集，每天收集的数据多达 10GB。当然，该中心不只收集数据，他们还要通过对系统内的传感器振动和温度信号的数据进行分析，从而支持通用电气对燃气轮机故障的诊断和预警。

将天气数据与其涡轮仪表数据结合在一起，进行交叉分析是风力涡轮机制造商 Vestas 优化其风力涡轮机的重要利器。通过对数据的分析，Vestas 不仅使风力涡轮机的电力输出水平得到了提升，还在此基础上实现了服务寿命的延长。这也表明了工业大数据可以被用于产品售后服务与产品改进上。

其次是工业互联网大数据能够加速产品创新。

用户与制造企业产生交互和交易行为产生的大量数据也有重要作用。制造企业可以利用这些数据挖掘并分析用户的动态数据，在此基础上做出的产品需求分析和产品设计将会更贴近用户需求，促进产品的创新。

此类数据应用的表率当属福特公司，在生产福特福克斯电动车的过程中，福特公司在电动车的创新与优化中应用了大量的大数据技术，使这款车成为一款名副其实的大数据电动车。

福特福克斯电动车无论是在驾驶中还是在停车时都会产生大量的数据。在行驶中，车辆加速、刹车、电量信息和位置信息数据的展示不仅对司机有用，还可以使福特公司的工程师更加了解客户的驾驶习惯，包括如何、何时及何处充电等，这些信息对工程师设计与优化产品有很大的参考价值。而当车辆处于停止状态时，该电动车还会将车辆胎压和电池系统的数据传送给最近的智能电话，如果数据出现变化，它也会及时提醒。

这种以用户为中心的大数据应用场景有许多好处：一是用户能够获得许多有用的数据，方便他们驾驶；二是位于底特律的工程师在接收数据后能对用户的驾驶行为进行汇总，并从中获得有效的信息，从而制定产品改进计划，并在新产品中进行创新。除了上述两个方面，电力公司和其他第三方供应商也能通过反馈回来的数据，决定新的充电站的建立地点，以及如何分散超负荷运转电网的压力。大数据成功革新了产品创新和协作方式。

2.3 工业互联网安全体系架构

工业互联网安全架构是对传统网络安全框架及国外工业互联网安全架构进行参考后，结合我国工业互联网的实际发展情况及特点综合考虑提出的。建设工业互联网安全体系架构的目的是指导我国制造企业在利用工业互联网时实施一定的安全防护，提高制造企业及我国的工业安全防护能力。

2.3.1 工业互联网安全体系框架

工业互联网安全框架是构建工业互联网安全保障体系的重要指导，是业内所有专家学者在工业互联网安全防护方面达成的共识。安全体系框架的完备将为使用工业互联网的制造企业提供安全保障，为制造企业部署安全防护措施提供指导，加强工业互联网整体的安全防护建设。

信息安全、功能安全和物理安全是工业安全领域的三大类别。传统的工业控制系统安全最初只注重功能与物理上的安全，即只关注工业安全相关系统或设备失灵时如何保证生产设备及系统依旧处于安全状态。

然而这种安全防护思维已经不再适用于工业控制系统信息化的时代，一旦忽视对工业控制系统信息安全的防护，信息泄露将会给制造企业带来致命的打击。

工业互联网在维护安全方面面临的挑战要明显高于传统的工业控制系统安全与传统互联网安全。在工业互联网中，过去清晰明了的责任边界将不复存在，范围的扩展、系统复杂程度的提升等意味着工业领域对安全防护有了更高的要求，因此，工业互联网的平台安全、数据安全、连接到网络上的相关职能设备安全等问题变得更加棘手。

此外，工业互联网的安全工作范围更广。工业互联网的安全建设不仅是制造企业自己的事情，还需要有国家制度、国家能力、产业支持等多面的统筹安排。

从目前的形势来看，我国还有很多企业没有意识到工业互联网安全对企业发展的重要性与紧迫性，我国工业互联网的安全管理和风险防护意识仍需加强。我国的工业互联网安全架构要统筹好信息、功能和预计物理三方面的安全，尤其要注重信息安全。

2.3.2 工业互联网安全领域的普遍问题

随着网络应用在人们生活中的方方面面，互联网安全在国家安全中的地位越来越重要，而工业互联网将工业生产与网络世界进行了联结，这意味着网络世界里的风险同样也会影响整个工业生产过程，从而使制造企业产生严重的损失。

工业互联网所面临的安全风险主要有以下几个方面。

（1）制造企业对安全问题不重视，网络安全防护能力弱。这一般体现在设计工业互联网的工业控制器时只重视功能的建设，而忽略安全防护性能的建设。如果制造企业对这一问题不采取有效的措施，随着今后工业制造业的网络化、智能化逐渐深入，制造企业面临的风险将会越来越大。

（2）相关安全产品与服务难以满足制造业的实际需求。在网络安全方面，目前我国发展得还不够完善，相关人才资源也比较稀缺，更不可能了解全部行业对工业互联网安全的需求，因此，很难研发出一个能够在多领域应用的解决方案。另外，工业互联网安全本身也存在着对实时性及可靠性要求高的限制条件。

（3）制造业与信息化企业间的联系不足，很难实现协作双赢。由于大多数的制造企业对网络安全的重视程度不高，因此，其与信息化企业的合作意识不强，加之制造企业非常重视自身企业的隐私，这样也为与网络安全企业合作增加了难度。

目前工业互联网信息安全问题已经受到了国家的重视，成为国家总体安全的重要组成部分。

·第3章·

工业互联网设备感知通信技术的主要类别

信息化与工业化的融合是今后工业发展的方向，然而从当下情况来看，我国制造企业的运行与管理还是以工程师为主。但是，由于如今用户消费观念产生了变化，以人工操作为主的企业生产部门已经越来越不能适应市场需求的快速变化，企业生产将会受到极大打击。因此，采用基于感知传输控制一体化的工业网络系统，实现工厂的智能化生产与管理，对如今的制造企业十分重要。

3.1 物体标识技术

如今主流的物体标识技术有条码技术、IC（Integrated Circuit，集成电路）卡技术、RFID（Radio Frequency Identification，射频识别）技术、光符号识别技术、语音识别技术五种。

3.1.1 条码技术

条码是利用光电扫描阅读设备识别并读取相关信息的一种特殊代码，条码是由一组按照固定规则排列的条、空及字符、数字、字母组成的。在制造业中，每一件产品的条码都是唯一的。条码技术可以大量、快速采集信息，从而满足物流管理系统中对大量化和高速化信息采集的要求，是实现 POS（Point of Sale，营销终端）系统、EDI（Electronic Data Interchange，电子数据交换）、电子商务和供应链管理的重要基础。

在物流业中，条码技术可以提高分拣和运输的效率，充分满足用户的需求。另外，该项技术还提高了货物的识别效率，提升了物流的速度和准确性，减少了库存，缩短了货物的流动时间，使整个物流业的利润更加丰厚。

连续多年稳坐中国工程机械行业头把交椅的徐工装载机智能基地（以下简称徐工）设有一条由计算机程序控制的自动化装载传送轨道——云轨道。这条特设的云轨道可直通码头，并完成供货商物料的接收。

云轨道会通过“云”发出数据，通过显示屏显示需要卸下来的货物。为了避免差错，轨道上设有贴着条码的专用托盘，供应商只需要用扫码枪扫描上面的条码，就可以将托盘与物料一对一绑定。物料通过云轨道运输到徐工的工厂里，物料进入工厂后，会有专门的转运系统进行转运，最终送到设置好的生产线上去。

对于传统制造企业而言，发生领错物料之事再平常不过。一是员工对接时可能产生偏差；二是新手不容易识别相似物料。即使有再严格的流程，只需有了人的参与就很可能出现领错物料的事件，从而使企业遭受严重损失。

而在徐工这里则是另外一种场景：当新的生产计划从 ERP（企业资源计划）出来后，该计划会通过 MES（生产过程执行系统）进行局部分解，分解成多个物料配盘单。这样供应商就可以知道哪个车间的什么位置需要送什么物料。供应商接到配货指令后，就会把不同的物料集合在一起，分别打上条码，直至扫描收货。

这种看似简单地重新设置，却解决了传统制造企业很难解决的一个问题——

按需配送。具体来说，因为需求是动态的，所以人很难甚至无法完成实时配送，而这种云轨道则可以实现实时发出指令，最终完成按需配送。

作为物流管理的工具，条码技术的应用主要集中在以下环节，如图 3-1 所示。

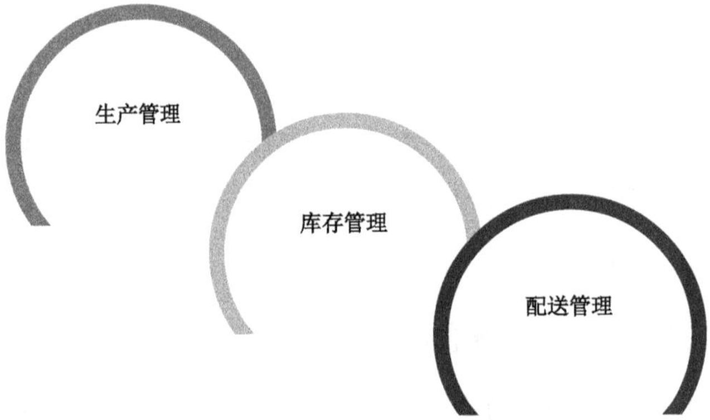

图 3-1　条码技术的应用

1. 生产管理

生产现场会产生大量的数据，这些数据对企业的快速决策非常重要，条码技术在生产上的应用也由此而生。条码技术能自动、快速地收集生产现场产生的实时数据，并对其进行及时处理。与此同时，条码技术又与计划层保持双向通信，从计划层接收相应数据，最终形成反馈结果，产生执行指令，实现生产效率的进一步提升。

条码技术有效解决了制造企业对生产现场管理的难题，使制造企业可以更轻松地管理生产数据，有效进行生产控制、产品质量追溯、后续的库存管理及销售追踪。

2. 库存管理

在企业的库存管理中嵌入无线网络技术和条码技术，能够使库存管理的每个环节都通过智能终端迅速完成。此外，利用条码技术能够使产品在进出库时不需要人工反复辨认并分拣，通过扫描即可获得相关信息并归类，这样可以提高效率，确保运输过程的统一性和准确性。

3. 配送管理

现今条码技术已经被广泛应用到现代化配送中心的管理之中。除了产品条码外，还有货位条码、装卸台条码和运输车条码等。此外，条码技术也可用来进行配货分析，通过统计商店的不同需求，按不同的时间段，合理分配货物数量与摆放空间，减少库存占用。

条码技术的应用能够大大提高信息的传递速度和数据的准确性，利用条码技术，制造企业可以进行实时物流跟踪，自动管理仓库的进货、发货及运输中的装卸等。此外，通过条码技术，相关人员可以及时将整个配送中心的运营状况、库存量反映到管理层和决策层，从而精准控制库存，缩短产品的流转周期，将损失降到最低。

3.1.2 IC 卡技术

IC 卡的全称为 Integrated Circuit Card（集成电路卡），也称智能卡、智慧卡、微电路卡或微芯片卡等。从外表上看，IC 卡一般与常见的信用卡同等大小的，具有金属触点的塑料外壳。卡片上嵌有一块被称为微晶片的集成电路是 IC 卡的基本特征。

自 1976 年法国布尔公司率先制造出 IC 卡，并将其应用到金融、医疗、交通及通信领域以来，IC 卡就在世界各国以迅猛的趋势飞速发展。除了在上述领域中的应用，IC 卡的应用还扩展到了企业考察管理、硬件或软件防盗、身份识别等多个领域。IC 卡在人们的生活中无处不在，特别是在物流运输中的运用现已成为一个热点。

IC 卡在物流运输领域的应用使物流公司摆脱了过去识别条形码的光学可视、可识别距离短、信息不可更改的弊端。此外，在记录产品在运输过程中的综合信息方面，IC 卡有更大的优势。

在物流运输领域中，IC 卡的运用主要是为了解决产品与信息之间的匹配关系问题，通过提高产品与信息匹配的准确率，提高物流运输中的作业效率及准确率。

在过去的运输过程中，供应商与用户通常是根据产品上的条码来确认产品的，而且过去产品信息普遍记录在纸质清单上。大量的纸质清单既不好寻找，又容易遗失，而且保密性也不强。而将 IC 卡应用在物流运输领域，这些问题都可以迎刃而解。

物流公司使用 IC 卡采集、记录产品的综合信息主要有以下几点优势。

（1）虽然目前我国电子商务已经发展到了一定阶段，但是在安全方面存在的问题还没有得到完美解决。加之我国电子商务相关法律、法规，特别是安全方面还未建立起十分完备的系统，导致我国很多企业对电子商务，特别是 B2C 的电子商务模式还存在不信任的心理。IC 卡技术的运用则是一种很好的向电子商务过渡的方式。

（2）物流公司利用 IC 卡技术，不仅能够通过每个产品配备的 IC 卡读取所需信息，还可以在发现错误时修改登记在 IC 卡上的信息。IC 卡的可重复利用不仅节约了公司经营成本，还真正实现了物流信息的动态采集与记录。

（3）相比于传统纸质清单，IC 卡记录信息的安全度更高。从发货方写卡运输到产品到达，买方读卡验证前的这段时间里，无论是买方，还是卖方，其交易信息和产品信息都能得到有效控制。

（4）IC 卡记录信息是实时变化的。IC 卡中的信息会随着产品的运输与物流合一，实现信息的动态采集与记录，不仅方便，还能为物流公司节约信息更新成本。

IC 卡从面世的那一天起就展现出了超强的活跃度与优势，在社会上的应用日益宽广。即便如此，IC 卡技术在其他领域的应用还尚待开发，想必在工业互联网的发展中，IC 卡也能有用武之地。

3.1.3 RFID 射频识别

作为全球第一大汽车技术供应商，博世以尖端的产品和系统解决方案举世闻名。洪堡工厂是博世旗下智能工厂的代表，与安贝格工厂一样，都是德国智能制造的典型案例。从制造业的角度来说，智能工厂可以提高生产效率，解放生产力。在德国工业 4.0 的宣传册上，智能工厂是以云计算为基础建立大数据模型，结合物联网，最终得以形成的，如图 3-2 所示。

图 3-2 智能工厂的形成

博世的洪堡工厂位于阿尔卑斯山脚下一个名为布莱夏赫（Blaichach）的小镇上，以生产汽车刹车系统零件和汽车燃油供给系统零件为主。洪堡工厂并不是简单地用机器代替工人，而是将智能化、信息化、自动化等技术逐渐融入生产中，使整个过程透明化。

洪堡工厂的生产线非常特殊，每个生产线上都安装了射频码，以便给每个产品贴上智能身份证，实现机器与机器的对话，让不同环节生产的零件无缝对接。产品每经过一个环节，读卡器会自动读出相关信息，并反馈到控制中心，从而实现自动化，提高生产效率。

洪堡工厂从四个方面实现了工业 4.0，即智能化原材料输送、国际生产网络系统、流水线自动跟踪系统和高效设备管理系统。

1. 智能化原材料输送

洪堡工厂的原材料输送系统已经实现高度智能化，信息登记、下达订单、订单确认和订单追踪等都可以通过射频识别自动进行。工人会把记录着相关信息的“看板条”夹到一个塑料夹里，然后再将其贴在盒子上，而塑料夹底部有一块射频识别码，即产品的身份证。之后，机器通过识别这些身份证就可以知道下一步操作的具体步骤，最终完成生产。

射频识别投入使用后，洪堡工厂实现了生产过程的可视化，生产原材料的节约化，库存减少了 30%，生产效率提高了 10%，节约的资金高达几千万欧元。

2. 国际生产网络系统

在洪堡工厂中，国际生产网络系统最能体现大数据和互联网在生产中的结合，通过这一系统，博世的全球 20 条生产线得到了有效管理。与此同时，国际生产网络系统会根据订单量的多少来安排工作进度，一旦出现问题，负责管理的技术人员也能及时发现并解决问题。

3. 流水线自动跟踪系统

洪堡工厂的生产线上设有自动跟踪系统，一旦生产线出现故障，该系统会及时地把故障情况和原因反馈给总系统，总系统发送修正指令，生产线上的机器就能自动修正故障。一旦这项先进的标准化纠错设置被触发，自动跟踪系统就会自动检测、修正故障。如果故障超出修正能力范围，自动跟踪系统就会将其反馈给技术人员，由技术人员负责修正。

4. 高效设备管理系统

在洪堡工厂中，高效设备管理系统可以实现生产设备的维修和管理。例如，汽车燃油供给系统零件的原材料是高强度塑料，生产需要极端高温，因此，生产设备经常出现严重损伤，为了保证生产质量和生产效率，必须经常维护和更换。

为了进一步延长生产设备的寿命，以及有效地使用生产设备，洪堡工厂给每个生产设备都安装了射频识别码，利用生产执行系统储存和显示每一个生产设备的信息。这些信息能动态监督生产设备的运作情况、寿命、维护保养时间等参数，以便技术人员及时保养和更换设备，且不影响生产过程，使企业获得最大的经济效益。

博世整合了来自洪堡工厂的海量数据，对洪堡工厂进行全局生产管理，以及生产设备的性能预测。不仅如此，博世还能在合适的时间执行相应的维护任务，不仅节省了一大笔运营成本，还提高了生产效率。

3.1.4 光学符号识别

光学符号识别，简称 OCR（Optical Character Recognition）技术，是机器将各种印刷文字通过扫描等光学输入方式，将其转化为图像信息，再通过机器中的文字识别系统将扫描出的图像信息再次转化为文本的输入技术，是一种十分快捷、省力的文字输入方式。目前，这种技术普遍应用于大量文字资料、档案卷宗、银行票据等文字信息的录入和处理。

光学符号识别技术的提出要早于计算机的诞生。1929 年，德国科学家 Tausheck 率先提出光学符号识别技术。几年后，美国科学家亨德尔（Handel）也对利用光学技术进行文字识别表示认同。20 世纪 60 年代到 70 年代，世界各国就已经开始了对光学符号识别的应用实践。

最早开发出光学符号识别产品的是 IBM 公司。1965 年，IBM 公司在纽约世界博览会上展出了其研发的光学符号识别产品——IBMI287。当时由于技术限制，

IBMI287 只能识别一些指定的印刷体数字和英文字母，还有部分符号。

20 世纪 60 年代末，日立公司和富士通公司也研制出了各自的光学符号识别产品。后来，日本东芝公司开发出了世界上第一个能够自动分拣手写体邮政编码信件的系统，NEC 公司也紧随其后，在两年后开发出了同样的系统。该系统发展到 1974 年时，其分拣准确率已经达到 92%左右，其优秀的成绩使其在邮政领域得到了广泛应用。

随着科技的发展，日本东芝公司在 1983 年推出了其研发的识别速度为每秒 70～100 个日语文字，并且识别准确率达 99.5%的识别印刷体日语文字的 OCRV595 光学符号识别系统。在该系统问世后，日本东芝公司又开始了对手写体日语文字识别的研究。

我国对光学符号识别的研究起步较晚，直到 20 世纪 70 年代，我国才开始对英文字母、数字及符号的识别技术展开研究，20 世纪 70 年代末才开始着手汉字识别的研究。1986 年，我国组织了清华大学、北京信息工程学院和沈阳自动化所三家单位联合开展中文 OCR 软件的开发工作。

我国中文 OCR 软件技术正式从实验阶段走向市场是在 1989 年，其标志是清华大学推出其研发的清华文通 TH-OCR1.0 版，这是我国第一套中文 OCR 软件。后来清华大学又逐渐升级其开发系统，推出能够实现对简体、繁体、多字体和多功能印刷汉字识别的 TH-OCR 92 高性能识别系统。

诞生于 1994 年的 TH-OCR 94 高性能汉英混排印刷文本识别系统被专家鉴定为“是国内外首次推出的汉英混排印刷文本识别系统，总体上居国际领先水平”。随后我国在持续不断地研究下，除清华文通 TH-OCR 外，尚书 SH-OCR 等光学符号识别软件也相继问世。目前我国的中文 OCR 市场依旧呈扩大趋势，用户遍布全球。

3.1.5 语音识别

在 PC 时代，用户与计算机进行交互必须借助键盘和鼠标，而且交互方式比较单一，只能通过文字与电脑进行交流。因此，当时的文字交互具有很大的局限性，只有受过高等教育或经过计算机培训的人，才能够利用计算机高效地进行工作，对于知识水平较低的人来讲，AI 仿佛是天方夜谭。另外，随着生活节奏的加快，仅仅通过文字的交互，还是不能最大限度地提高人们的工作效率。

在智能机时代，人们的教育水平普遍提升，科学技术也取得了进一步发展。为了进一步提高智能产品的普及率，提高工作效率及生活的舒适度和愉悦性，智能语音识别技术就此诞生。

在我国，智能语音识别技术的提升与科大讯飞的发展有着密切的联系。科大讯飞于 1999 年成立，是顶级的 AI 科研技术公司。科大讯飞一直致力于智能语音交互技术的研发与创新，现在，科大讯飞的技术已经实现了重大的突破，其产品的语音识别能力与语义理解能力已经获得了质的飞跃。例如，在语音的情感层面、节奏停顿层面及耐听性层面，科大讯飞的智能语音设备听起来十分自然，与人声极其接近。这能够极大地提升人机交互的效率，使人们的生活更加精彩。

在智能语音技术的商业落地层面，亚马逊的 Echo 音箱、百度的度秘音箱及阿里巴巴的天猫精灵都发展成了爆款。以阿里巴巴的天猫精灵为例，进行大致的说明。

天猫精灵无疑将会成为智能家居不可或缺的一部分。它虽然外型娇小，却有一个智慧的“头脑”，它能够听懂用户的语言，并能够根据用户的指令高效地完成任务。

在联网状态下，它会随时听从用户的吩咐。比如在冬天，如果用户感觉室内温度太低，只需轻轻呼唤天猫精灵，告诉它自己有点冷，它就会智能调节空调，提高房间内的温度，达到令用户舒服的温度。又比如在正午，如果用户感觉屋内光线太强烈，只需轻轻呼唤天猫精灵，它就能够智能调节窗帘的位置，使室内的亮度刚刚好。

苹果公司的 Siri 语音识别系统已被证明很受用户的欢迎，它也受到大数据的支持。苹果公司通过收集用户的信息上传到云存储中，利用数以千万计的用户信息，更好地进行语音识别系统的改善与维修，使 Siri 能够准确地将用户与苹果公司收集的数据匹配起来。苹果公司会利用这些数据在两年的时间内对用户的身份进行识别，然后分派单独的匿名指示器，以确保用户隐私权。

3.2 位置定位技术

定位是指通过对声、光、电等技术的应用，获取观察目标的位置。本节主要介绍 GPS 定位和 TOA 定位两种定位方式。

3.2.1 GPS 定位

GPS 是全球卫星定位系统（Global Positioning System）的简称，该技术利用通信卫星、地面控制和信号接收机对人和物进行动态定位，具有全球、全天候工作、定位精度高、功能多、应用广的特点。GPS 可以提供实时的三维位置、三维速度和精密时间，而且不受天气的影响。

GPS 由三大子系统构成，即空间卫星系统、地面监控系统和用户接收系统。利用 GPS 强大的功能，制造企业可以对运输中的车辆进行定位、跟踪调度及管理。利用 GPS 在全球范围内进行低成本、高精度三维位置、速度和精确定时的导航，可以大大提高智慧物流体系的信息化水平，有力地推动制造业的发展。

据《经济参考报》数据显示，上海市目前有近5万辆出租车，这些出租车的行驶里程占所有机动车辆行驶里程的36%左右，但其中有一半出租车处于空载状态。为改变这一现状，大众汽车率先在出租车上安装了GPS，并很快将这个系统推广到了全国的出租车上。

应用了GPS的出租车已经能做到根据用户的呼叫快速反应，每辆出租车每月可以节约汽油费1 000多元，每年可节约汽油费5亿多元，不仅减少了尾气排放，有利于空气清洁和生态环境，还改善了上海道路交通的拥堵状况。

通过搭载GPS，出租车在什么地方、行驶速度是多少、发生什么突发情况，管理人员都可以清晰地在调度监控中心的电子地图上看到，这样既能保障司机的安全，也能实时监控司机，保证乘客的安全。

随着我国物流业与电商的发展和壮大，货物的运输量日益增多，车辆的经营管理和合理调度越来越重要。传统交通管理使用的是无线电通信设备，由调度中心向司机发出调度，司机根据自己的经验说出车辆的大概位置，但当司机行驶到陌生地带时，则无法进行准确定位。而搭载GPS则为车辆、轮船等交通工具提供了实时的导航定位。从调度管理和安全管理方面来看，通过车载GPS接收器，司机能随时知道自己的具体位置，得到该点详细的经纬度坐标、速度、时间等信息，以选择正确的行驶路线。

GPS在物流中的作用有以下几点。

（1）车辆跟踪调度。GPS在车辆与物流中心之间建立了迅速、准确、有效的信息传递通道，物流中心可以随时掌握车辆状态，监督运输车辆，还可以根据实际需要锁定车辆位置，远程控制车辆，同时为车辆提供服务信息。

（2）实时调度。通过GPS可以随时了解车辆的实时位置，并查询车辆当时的状态，例如运行方向、任务执行情况等。物流中心接到需求后，根据货物送达的地点，自动查询可供调用的车辆，并以最快的速度调度车辆，将用户的位置信息实时通知给附近的空载车辆，这样可以节省时间、提高效率，又可以迅速选择合理的物流路线、合理配置资源。

（3）报警。物流中心可以设定车辆的运行线路和界限，当车辆超出界限时，立即发出车辆越界警报。当运输途中遇到突发事件时，司机可以按下紧急呼叫按钮向物流中心求助，物流中心接到报警后，会立即开启自动记录与自动录音功能，并给予司机援助。

（4）用户服务功能。在运输过程中，用户能随时了解货物的状态，还可以及时获得车辆地理位置、路线规划等信息。

通过 GPS，货物与司机的安全都更有保障。而且不管是用户、运输方，还是收货方都可以实时了解货物的情况，并推算到达目的地的时间，解决了传统物流存在的“货物一发出，什么都不知”的问题，增强了三者之间的信任。

3.2.2 TOA 定位

TOA 定位法的原理是通过测量接收信号在基站和移动台间的到达时间，得到距离，从而实现定位。然而想要通过该方法得到准确的定位，至少需要建立三个基站，各个基站的位置如图 3-3 所示。

虽然 TOA 定位原理简单，并且准确度较高，但是也有很多缺点。首先，TOA 定位的精准度会受测量误差的影响。由于光的传输速度很快，哪怕是十分微小的时间差也会使后续计算的距离结果同实际情况相差甚远。

其次，利用这种方法进行定位必须做好对时间的把握。因此，一定要对发射信号做好时间标识，以便能区分出该信号是何时发出的。但是由于很难保证信号的实时接收，所以很难做到精确的时间同步。

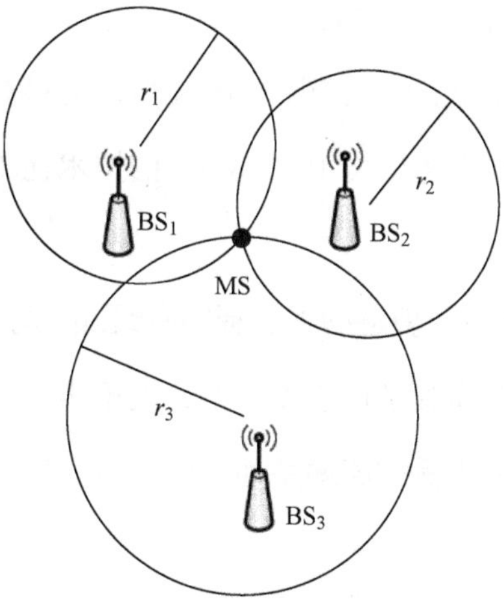

图 3-3 基站位置

最后，TOA 定位的使用需要配置精准的时间检测仪器。对硬件设备要求高，导致成本增加。也正是因为其价格昂贵，TOA 定位技术一般不会独自应用在光定位中。

3.3 主流传感通信技术形式及其特点

通信业现今正处于急速变革的时代，其业务的发展不仅改变了电信行业的整体格局，也对通信传输技术提出了新要求。本节我们介绍目前占据主流地位的传感通信技术及其特点。

3.3.1 有线与无线

科学技术的发展带动了通信技术的发展，目前我国的有线通信技术已经比较成熟，而随着信息化应用的逐渐广泛，我国在无线通信技术领域也有了不少成就，如今无线通信已经渗透到人们的生活之中。

虽然无线通信技术在便捷性上有更强的优势，但是有线通信技术在社会中起到的作用也不容小视，有线通信技术与无线通信技术在不同的领域都具有其不可替代性。

在通信领域，有线通信一般是指需要利用有线媒介才能实现传输的一种技术。线路媒介一般是电缆、光缆等各种金属导线，无论声音、文字，还是图像，有线通信都能传输。有线通信传输的原理是通过媒介对转换为电信号或光信号的内容进行传递与发送。

有线通信的特点正如其名字一样，需要借助实质媒介来实现信息传输。因此，制造企业如果想要利用有线通信技术就需要在通信两端建立连接，以相关协议为前提，将信息从一端传输到另一端。

由于有线通信需要借助实体媒介，因此这种通信技术对媒介的依赖性较强。虽然有线通信在线路问题上有一定的限制，但是相比于无线通信，有线通信受外界干扰较弱，即便有影响也只是轻微的，所以有线通信传输信息更具稳定性。

而且有线通信借助的媒介普遍具有高效性，因此，在传输速度及质量上都有很好的表现。另外，由于有线通信有专用的线路，因此，其信息传输更具安全性。

在此总结一下有线通信技术的优劣势。优势为有线通信的传输信号稳定，抗干扰性能强，通信速度稳定，安全性和可靠性有所保障，而且无辐射，对人体无害。劣势为受线路局限，需要架设实体设施，使用成本高。

无线通信则打破了空间的限制，相较于有线通信，无线通信具有以下 4 个优点，如图 3-4 所示。

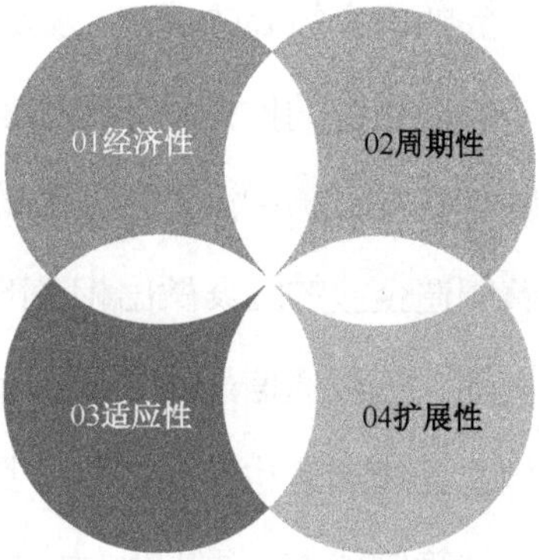

图 3-4　无线通信技术的优点

1. 经济性

相比于有线通信需要架设相关设施，无线通信只需要建立专用的无线数据传输方式，在每个终端之间连接无线电台，架设好电线即可，能节省大量的人力物力。

2. 周期性

如果接收信息两端距离甚远，采用有线通信就必须长距离铺设电缆，无论选择高空架设，还是地下埋线都需要较长的工程周期。而无线通信架设天线只需要几天，最长也就是几周，极大地缩短了工程周期。

无线通信建设耗费时间少，解决了市面上通信服务不足的问题，为制造企业提供了更好、更快捷的信息传输服务。

3. 适应性

由于有线通信会受到线路的约束，因此在遇到一些特殊环境难以架设线路时就很难利用有线通信。而无线通信则不会受到环境因素的影响，因此，无线通信比有线通信的适应性更加广泛，更能适应各个行业制造公司的要求。

4．扩展性

相比于有线通信重新布线的难度较高的情况，无线通信只需要新增几个设备与无线电台建立新连接即可实现系统的扩充。无线通信也不是长久不变的，其可根据制造企业的新需求不断更新升级，增添无线传输的功能。无线通信比有线通信有更好的扩展性，能随着制造企业的发展做出相应的变化。

当然万事没有十全十美的，无线通信虽然方便了制造企业的实施与运行，拓宽了工作的区域及地点，但是无线通信也有其劣势。其劣势表现为受电磁干扰影响大，传输信号不能一直保持稳定状态，同时发射塔发出信号时带来的辐射会对人体产生一定的不良影响。

通过以上分析可知，有线通信和无线通信既各有所长，也各有所短。虽然从当今大环境来看，无线通信更占优势，但是有线通信也依旧占据着无线通信无法取代的地位。在实际中采用何种通信方式，制造企业可以根据企业的工作特质和发展阶段做出选择。

3.3.2 移动网络 5G

5G 的出现标志着全球第五代移动通信技术的建成，此技术的成功推动了全世界智能终端的广泛普及，并进一步促进了互联网技术的发展，其众多优点也给制造企业通信带来更多的便利。

同过去的通信技术对比，5G 已经不再是单纯的通信技术，而是基于传统通信技术，将众多通信技术有机结合起来的综合性的新技术。目前，5G 传输信息的速度可达到 10Gbps，是 4G 通信的 100 倍。

5G 的优势不仅是速度快，在其他方面也具有极大优势，5G 移动通信技术的主要特点有以下 5 个方面，如图 3-5 所示。

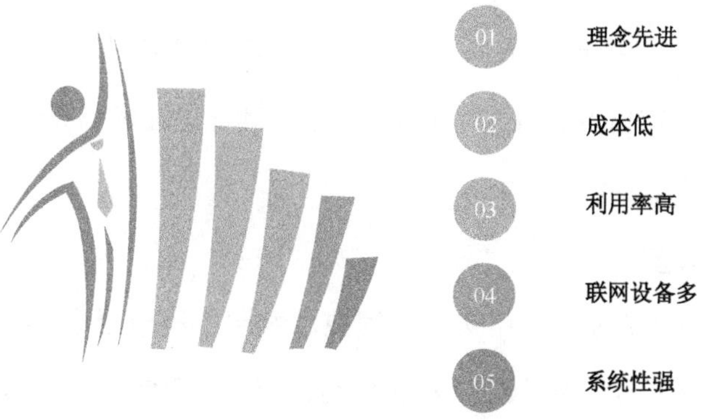

图 3-5 5G 移动通信技术的主要特点

1. 理念先进

同传统的移动通信技术主攻远距离传输不同，5G 通信将其研究方向定在了室内通信技术上，力求提高短距离信息传输的效率，使短距离信息传输速度达到顶峰。另一方面，5G 通信还将实行全室内无死角的网络覆盖，极大地提高了信息传输的便利性。5G 不仅是对 4G 的传承，更是在其基础上的创新，以使其更加符合大众的需求。

2. 成本低

虽然 4G 在长久的发展历程中已经趋近完备，但是 4G 本身具有无法改变的缺点，即在传输过程中对能源和资源的高消耗。而 5G 能够大幅度地减少这种消耗以达到降低成本的目的，并在降低成本的基础上更好地满足用户需求。

3. 利用率高

如前所说，4G 通信在实际应用中存在能耗高的缺点，其对传输中所需资源的有效利用率甚至低于 50%，而 5G 通信则通过对波谱高频段的深度开发提高其资源利用率，从而提高高频率无线电波的穿透能力，使 5G 通信的传输质量及速度能够得到显著提升。

此外，5G 还在保持高频无线电波的穿透力不受影响的情况下提升了无线通信的安全系数低。5G 通信技术的开发将能推动移动通信技术与无线、有线宽带，以及光缆技术的有机结合。

4．联网设备多

互联网设备的接入数量其实与通信技术水平的高低息息相关。目前 4G 通信技术可实现 450 部设备同时接入互联网，而 5G 通信技术可实现 600 ~ 1 000 部设备同时接入。虽然从表面上看，450 部设备的同时接入已经是一个不错的成果了，但是随着用户对传输数量需求的提高，4G 通信技术已经很难再满足用户需要。

5G 的升级并不只体现在可同时接入设备数量的提升上，它还实现了同时接入大量设备之间的互不干扰，各个设备能够独立完成自己的传输任务。这不仅有利于传输信息效率的提升，还降低了用户的使用成本。

5．系统性强

由于移动通信技术的开发给人们的生活带来了许多便利，因此对于移动通信技术的发展，人们始终保持着密切关注的态度。而这一关注度特别集中在移动通信技术的系统性上。在移动通信技术发展的新时代，人们对其具有的系统性有了更高的要求。

5G 研究的重点今后将放在提高移动通信技术在系统性传输信息的能力方面。5G 技术将突破传统点对点的传输方式，积极研发多点、多边、多面的传输方式，提高整个移动通信系统的性能，更好地满足用户对于信息传输的需求。

虽然 5G 拥有诸多优势，但是 5G 目前还处于研发与试验阶段，要实现 5G 在工业中的更好应用，还需要相关研发人员的探索与优化。

3.3.3 蓝牙

1998 年，爱立信、诺基亚、东芝、IBM 和英特尔 5 家公司宣布由他们联合开发的短距离无线通信技术——蓝牙正式投入使用。蓝牙技术主要有以下几个特点。

（1）可以建立临时性的连接。蓝牙设备在网络中分为主设备和从设备两个角色。皮网是蓝牙最基本的一种网络形式，一个主设备连接一个从设备，它们之间点对点进行连接就形成了一个最简单的皮网。主设备是主动发起连接请求的设备，一个皮网中的多个蓝牙设备中只有一个是主设备，其他都是从设备。

（2）体积小。蓝牙在体积上的优势也成就了其便于集成和功耗低的优势。在通信连接的状态下，蓝牙有 4 种工作模式，分别是激活模式、呼吸模式、保持模式和休眠模式。激活模式是蓝牙的正常工作状态，其他 3 种模式都是蓝牙为了降低功耗的节能模式。

（3）接口开放标准。为了使蓝牙技术能够被普遍应用，蓝牙技术联盟公开了全部的蓝牙技术标准，只要能够通过蓝牙技术联盟的产品兼容测试，任何人都可以开发蓝牙产品，并下放到市场。

（4）全球范围适用。全球的 ISM（Industrial Scientific Medical）频段范围普遍是 2.4GHz ~ 2.483 5GHz，蓝牙工作的 ISM 频段处于这个范围内，由于这个频段是向全球开放的，在使用时无须向有关部门提交申请就可以直接使用。

（5）成本低。随着市场需求的扩大，市场上各种蓝牙芯片与模块层出不穷，这也导致了蓝牙产品价格的逐渐下降。

（6）可同时传输语音和数据。蓝牙采用的技术综合了电路交换和分组交换，支持异步数据信道、三路语音信道及异步数据与同步语音同时传输的信道。目前蓝牙主要有两种链路类型，一种是异步无连接（ACL）链路，另一种是同步面向连接（SCO）链路。

（7）抗干扰能力强。由于利用ISM频段的无线设备很多，为了防止这些设备互相干扰，蓝牙利用了跳频的方式实现了频谱的扩展。蓝牙设备会在某个频点开始传输信息，再跳到另一频点继续发送，蓝牙的频点跳跃顺序是伪随机的，每秒钟会出现1 600次的改变，在每个频率的持续时间为625微秒。

虽然蓝牙有着诸多好处，但是也有着显著的缺点。蓝牙的通信距离很短，在0.1米到10米之间，虽然在发射功率为100mW的时候能达到100米，但是其距离有限性也极大地限制了蓝牙通信技术的应用。

3.3.4 红外

红外通信技术，顾名思义就是利用红外线实现信息的传输。由于在电脑技术应用的早期，一些数据都是通过线缆传输的，但是线缆有很多不便，于是一些无线传输技术应运而生。红外通信技术面世不久就得到了广泛应用，如常见的红外线鼠标、红外线键盘等。

红外通信技术特点比较明显。首先，红外通信技术只能采用点对点的无线传输方式。其次，红外通信技术传输有很强的限制，接收设备之间的距离不能太远，而要对准方向，设备之间不能有任何阻碍物。再次，红外通信技术几乎无法控制信息传输的进度。最后，目前红外接口已经形成了一套标准，红外线的收发组件也是标准化产品。

虽然红外通信技术有很多限制，但是其依旧在很多领域得到了广泛应用，这是因为红外通信技术有以下几个不可替代的优势。

（1）红外通信技术更便于进行数据的收发，其所有数据都只是对电脉冲和红光脉冲的转化。

（2）红外通信技术作为一种先进的无线电连接技术，更方便小型设备之间的数据传输。

（3）红外通信技术中虽然包含了许多创新技术，但其依旧符合过去的数据传输的有关规定。

（4）由于红外通信只是两个设备间的直线数据传输，所以与其他通信技术相比，其保密性更强。

（5）传统的传输技术无法达到和红外通信技术相同的传输速度，目前红外通信技术的传输速度普遍是 4Mbps，不过，最新技术已经将其传输速度提高到了16Mbps。

红外通信技术的应用更适合那些成本低、需要跨平台、能够做到点对点传输的系统。目前，全球范围内有众多软件、硬件厂商都支持并采用了红外通信技术，主要应用于设备互联及信息网关之中。另外，红外通信技术在移动计算和移动通信设备中同样具有重要地位。

·第 4 章·

大数据与云计算在工业互联网中的作用

工业互联网的本质是数字技术与物理技术的联合，大数据与大机器的融合。而云计算是实现工业互联网的一个关键因素，没有云计算及在云计算的基础上运行的大数据，工业互联网将不会存在。

4.1 工业互联网数据的 3 个主要来源

企业相关经营业务数据、机器设备互联数据和企业外部数据是工业互联网数据的 3 个主要来源。掌握这 3 个主要来源，有助于推动大数据、云计算和工业互联网的融合。

4.1.1 企业相关经营业务数据

企业相关经营业务数据主要来源于传统企业信息化范围，并主要储存在企业信息系统内部。企业资源计划、传统工业设计及制造类软件、产品生命周期管理系统、供应链管理系统、环境管理系统及客户关系管理系统都能产生企业相关经营业务数据。

这些系统产生的数据涵盖了大量的企业产品研发、生产、经营、环境、物流供应及客户资料等信息，这些信息是工业制造业领域的数据资产，随着工业互联网的发展，其应用环境也在逐渐扩展。

4.1.2 机器设备互联数据

随着工业互联网的飞速发展，近年来机器设备联网已经不再是个新概念，其产生的数据逐渐成为工业大数据的主要来源。机器设备互联数据主要是制造企业生产设备在联网运行的状态下，平台实时收集的生产过程中的操作与运行状况、工况状况、环境参数等能够展现设备实际运行状况的数据。此数据不仅是工业互联网权威的数据，还是狭义的工业大数据的代表。

美国通用电气曾经提出：在设备使用过程中，由传感器采集的，包括设备状态参数、工况负载和作业环境等信息，即狭义的工业大数据，可以帮助制造企业提升其设备运行效率，实现制造业务的拓展。由此可见机器设备互联数据的重要性。

4.1.3 企业外部数据

企业外部数据主要指与制造企业生产活动及产品有关的，来源于企业外部互联网的数据，例如，评价企业环境绩效的环境法规，以及能够预测产品市场的宏观社会经济数据。

在互联网与工业深度融合的时代，企业外部数据已经被很多企业所重视。21

世纪初，一些日本企业就开始用互联网数据分析用户对其生产产品的评价。如今，小米公司也在利用设计媒体数据开展新产品的研发。

除了与制造企业相关的数据，影响装备作业的气象数据、影响产品市场预测的宏观经济数据、影响生产成本的环境法规数据等数据也能为制造企业的发展提供意想不到的帮助。

4.2 工业大数据的特性

工业大数据与互联网大数据虽有共通之处，但是也存在着一定差异，相比起互联网大数据的关联挖掘与发散性分析，工业大数据更注重目的性。此外，双方数据的特征和面临的问题也存在一定区别。

4.2.1 碎片化

工业大数据同样具有互联网数据的海量与碎片化共存的特征。对于数据的碎片化特性，工业大数据的解决重点为避免断续，注重数据的时效性。

与互联大数据重视“量”不同，工业大数据更关注的是数据的“全”。这里的“全”代表的是对应用的所有要求都必须匹配相应的使用样本，能包含工业生产的各类情形，以保证在海量数据中提取到能反映对象真实情况的信息。

为了实现这一功能，工业大数据在分析数据时一方面需要能克服数据碎片化带来的困难，利用特征提取等手段将数据转换为有用的信息；另一方面，工业大数据还要通过对在数据中获取的前段设计进行分析，进而制定以价值需求为导向的数据标准，在数据与其流通的平台内构建出统一的数据环境。

4.2.2 低质性

工业大数据的低质性意味着企业需要想办法提高数据质量，否则就无法发挥工业大数据的作用。数据碎片化的缺陷也会对数据质量产生影响，也就是说数据的量并不能保障数据的质，甚至导致了数据的低质性。

在工业大数据中，低质量的数据不但不能起到应有的作用，反而会对分析过程造成不良影响，进而导致分析结果无法投入实际应用。而互联网大数据则不同，互联网大数据可以只挖掘数据本身，数据之间的关联也可以不用考虑数据本身的含义，单纯地以结果为导向。

对于互联网大数据的这一表现，最典型的例子就是超市在对用户的购物习惯进行分析后，会对商品摆放的位置做出调整，如将啤酒摆放在尿不湿的对面，虽然二者之间并没有什么能说得通的逻辑关系，但销量还是因此有所提升。通过以上论述，我们能总结出，相比于互联网大数据对结果的精准程度要求不高，工业大数据对预测结果的容错率要低很多。

互联网大数据在进行预测和决策时，只需要考虑两个事物之间的关联是否具有显著性，其他如个体差异等问题在有足够大的样本量时都可以被忽略，于是导致了互联网大数据预测结果的低准确性。比如在向用户推荐电影时，只要数据分析显示出70%左右的匹配度就可以向用户推荐，即使用户并不感兴趣也不会造成什么损失，但是工业生产则有所不同，即使误差甚微也可能会造成严重的后果，用户因此会付出巨大的代价。

4.2.3 隐匿性

工业大数据与互联网大数据的最大差异在于对数据特征的提取。工业大数据更关注数据表征背后的物理意义及事物之间关联的机理逻辑，而互联网大数据则更倾向于依靠统计学工具寻找事物间的相关性。

4.3 大数据与云计算技术的应用场景

大数据在新的处理模式下具有更强的决策力、洞察力及优化流程的能力，并以此适应数量巨大、增长迅速和逐渐多样化的信息资产。而云计算是制造企业为降低基础架构成本、提高效率、解决储存问题而使用的一种新型应用架构。

4.3.1 提高研发效率与质量

AI 就像把新榔头，每个领域都是颗钉子，都可以敲一下。如今，AI 已经向药物研发领域进军，致力于用科技改变制药，造福人类。

在医药领域，进行新药开发是一件很困难的工作。传统药物研发的困难性体现在三个层面。第一，药物研发比较耗时，周期长。第二，药物研发的效率低。第三，药物研发的投资资本大。

AI 药物研发是利用 AI 中的深度学习技术，通过大数据对药物成分进行分析，从而快速精确地筛选出最适宜的化合物或其他药物分子。AI 药物研发有三个积极的效用，如图 4-1 所示。

在医药领域，新药研发有三个“心腹大患”，分别是新药研发周期长、投入资本大和研发效率低。塔夫特药物发展研究中心是公认的权威平台，这一平台的调查数据显示：一款新药从研发到面世再到获得 FDA（Food and Drug Administration，食品药品监督管理局）批准的平均周期约为 96.8 个月。同时，每年新药物的研发成本约为 16 亿美元，而且正以 33%的速率在增长。由此可见，新药物的研发处于发展的“瓶颈期”。

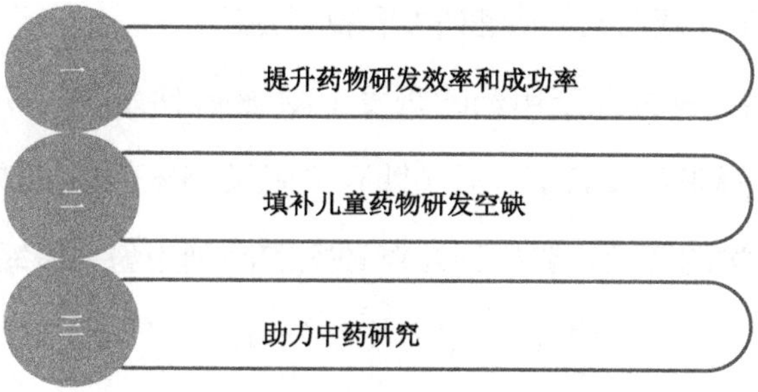

图 4-1 AI 药物研发的三个效用

AI 的加入让制药公司和药物研发人员看到了希望，他们也对药物研发的未来有着乐观的期待。借助大数据与云计算技术及深度学习算法，AI 能够从杂乱无序的海量信息中，获得有利于药物研发的知识，并在此基础上进一步提出新的药物研发假说。验证假说可以加速新品药物研发的过程，提升新药研发的效率。

TechEmergence 的数据报告显示：AI 提高了新药研发的成功率，成功率从原来的 12%提升至 14%。虽然仅有 2%的增长，但是却能够节省许多研发资金，带来更大的经济效益与社会效益。

AI 的加入还能够有效填补儿童药物研发空缺。长久以来，市场上就缺乏儿童专用药，对于患有某些病症的儿童，医师给提供的也是成人药品，只是在儿童服用时，特别提醒要酌减使用。可是，酌减并没有统一的标准，一旦儿童服用药物出现错误，就会产生严重的副作用，例如，身体的内分泌系统失调、婴幼儿性早熟及其他安全隐患等。

对于儿童服用成人药的危害，国家药物不良反应监测平台做了一次科学的调查，调查数据结果显示：我国儿童服用成人药的不良反应发生率为 12.9%，其中新生儿高达 24.4%。而且我国每年约有 30 000 名儿童因服用成人药物导致耳聋，约有 7 000 名儿童因此死亡。这是一组惊悚但又非常真实的数据，因此，深入进行儿童专用药物的研发已迫在眉睫。可是目前我国只有 8 家企业专门生产儿童专用药品，这不利于儿童药物的快速研发和批量生产。

AI 的介入将会助力儿童用药的研发。AI 药物研发借助知识图谱技术，能够高效精准地获得来自实验室、医学期刊文献及临床的各类数据。通过智能分析技术，结合科学的实验，够找到儿童药剂的准确用量，最终研发出适合儿童的专用药品。同时，依靠大数据技术还能够分析出儿童最喜欢什么口味的药物。这个分析结果能够为药物的研发提供更好的思路，儿童再也不用担心药苦的问题了。

AI 赋能可以助力中药研究。许多西方人及现在的年轻人不太相信中药，因为许多中药都没有明确标明具体的药理机制及相关的药理学原理。而 AI 的介入将会有效改变这一现象，同时也会促进中药的发展。如今医学专家借助深度学习与神经网络技术，能够将中成药中的所有化学物质分离出来，再经过一系列的化学实验和临床分析，找到中药内真正起作用的化学物质。这样一方面可以为中药正名，另一方面也可以助力中药的批量生产。

为了使 AI 药物研发更加高效，更有质量保证，我们需要在以下四个方面进行把控，如图 4-2 所示。

图 4-2　AI 药物研发与“4 个方面把控”

首先，要做好大数据把控。具体来讲，大数据必须精确、高质、高量。大数据是所有 AI 企业发展的必要支撑，如果没有精准的大数据，一切都是妄谈。对 AI 药物研发企业来讲，更需要做好高质量的数据积累，因为高质量数据库能够为药物的研发提供更加准确的药物学资料，当 AI 进行深度学习时，会有更好的效果。

其次，要做好 AI 药物市场把控，即积极培养新药物的市场。市场越大，产品研发效果才越强，有了好的市场前景，研发机构自然就会积极进行 AI 药物的研发。在培养新药物的市场时，制造企业需要积极通过新媒体渠道进行宣传，或者与权威医疗机构合作，这样企业生产的 AI 药物才会迅速在市场上获得积极反响。

再次，要积极培养 AI 药物研发人才。目前，虽然 AI 专家不是很缺乏，但是 AI 药物研发的专业型人才还是稀缺，无论是从教育角度，还是科学研究角度，都要积极培养这类人才。制造企业在培养人才的过程中，要给予充分的资金支持及人文关怀。这样，他们的研发动力才会更强。

最后，重视法律法规的监管。AI 制药仍处于初始阶段，相关法律法规尚不完善。法律法规的完善需要有关部门深入药物研发实践，在第一时间发现 AI 药物研发中存在的种种有违道德、有违人伦与有违人体健康的行为。一经发现应立即制止，把有损人民利益的 AI 药物研发扼杀于摇篮之中。

人工智能不是魔法，其能力毕竟有限。但是通过 AI 在制药行业内实际应用的案例，我们能看到 AI 还有无限发展的可能。随着 AI 对生物医药知识的进一步学习及计算能力的提高，今后 AI 还将为医疗行业带来更多的惊喜。

4.3.2 系统性优化生产过程

大数据与云计算可以优化生产过程，而且这个优化是系统性的。下面以劳斯莱斯为例进行详细说明。

由亨利·莱斯（Frederick Henry Royce）和查理·劳斯（Charles Stewart Rolls）创建的劳斯莱斯（Rolls-Royce）是世界顶级豪华轿车制造商。除轿车以外，在飞机发动机制造领域，劳斯莱斯也是世界上比较出色的企业之一。劳斯莱斯利用大数据，实时监控三万英尺（1 英尺=0.304 8 米）高空的飞机，飞机产生的数据会自动传回位于英国德比郡的总控室。

作为全球大型引擎制造商，劳斯莱斯非常注重数据监控，其生产的所有的引擎都配备了大量的传感器，包括飞机引擎、直升机引擎和舰艇引擎。传感器会采集各个部件、系统或子系统的数据，然后通过专门算法，将数据汇总到引擎健康模块的数据采集系统中。

振动频率、压力升降、温度变化和速度增减等这些微小细节，传感器都会通过卫星传送到负责数据分析的计算机中。一部引擎大概有 100 个传感器，即便是飞机在超高速飞行的情况下，只要发现引擎出现了一个错误，也可以马上进行检测修复。

为了防止出现大的问题以及出现问题后可以第一时间修复，劳斯莱斯有一个 200 人的工程师团队在做保障后援工作，还有一个 160 人的团队全天候为全球 500 家航空企业进行故障处理和紧急服务。

大数据与实时监控相结合，一方面，可以让劳斯莱斯对故障进行预警预判，提升专业服务水平；另一方面，还可以帮助航空企业及时有效地进行引擎维护和检修。

德国弗朗霍夫学会，总部位于慕尼黑，是德国也是欧洲的应用科学研究机构，一直致力于研究面向工业的应用技术。这家科研机构开发了一个以温度传感器为基础的样机系统，可以对焊接过程进行实时监测，以电池供电的方式实现无线信号传输。

在焊接过程中，因为传感器没有被安装在炉内固定位置，而是跟随被焊接的装配组在焊接过程中一起移动，所以若某个传感器元件出现故障，只须替换相关传感器即可，无须在维护或更换传感器时关停设备。

大数据在优化生产过程方面的优势非常明显，特别是与云计算结合以后，还突破了传统企业生产和维护过程中存在的弊端。我国企业可以借鉴国外大型制造企业的经验，不断提升自己。

4.3.3 预测产品新需求、新方向

在进行产品设计时，制造企业会遇到很多难以解决的问题，这个时候根据什么来进行抉择？直觉？还是与他人交谈？这些方法可能是正确的，但有效性非常有限，而且相比客观的数据来说不够真实。

如今，借助先进技术，制造企业可以洞察市场，了解用户需求，进一步改善产品。以大数据为例，AI 时代下的大数据，能够在千万级用户需求的基础上提升设计的精准度，这在量级和深度上弥补了小数据的不足。海量的数据背后，隐藏的是用户的行为习惯和喜好，制造企业应该利用、挖掘、分析这些数据，设计出更符合用户需求的产品和服务。

IBM 是全球知名的信息技术和业务解决方案企业，非常重视计算、精确、功能等理性因素，但在移动互联网和用户体验为王的当下，用户需求发生了质的转变，体验设计和个性化正在成为 IBM 产品开发的方向。

目前 IBM 在全球拥有 20 多个工作室，超过 1 000 名设计师。IBM 成立这些工作室的初衷是将设计融入工作的方方面面，从而彻底改变整个工作模式。在工作和娱乐的过程中，人们通过手机就能接触许多非常好的产品，所以设计也要本着以用户体验为中心的理念开展。

在 IBM 的工作室中，顾问、研究人员、社交专家、媒体专家和设计师聚集一起，大家密切协作，共同研究产品。这样的做法可以融合不同人的能力，通过互动把设计思维与 IBM 在大数据、云计算、移动和社交等方面的专长集成在一起。

一个航空企业收集了很多有关乘客的数据，例如，飞行的频率、常往目的地、旅行途中的购买清单、身份和地区等。基于这些数据和 IBM 的分析技术，该企业为乘客设计了一款定制应用。在这个设计定制应用的过程中，大数据是基础，企业则扮演了集成的角色。

在 IBM 的设计思维中，至关重要的一点是同理心，即要知道用户有什么问题、面对什么挑战，或者想要抓住什么机会。基于这些理解和直观的数据，IBM 快速生成了一些想法，并在用户中进行测试，寻求反馈，然后根据反馈不断优化形成最终的产品。

传统的产品设计通常只从用户需求和痛点出发，设计师通过设计解决用户的某些需求，然后由研发部门选择原材料，并进行成本评估，最终以某种方式推向市场。现在，大数据可以帮助设计师快速研究市场，与此同时，设计师还可以借助检索工具，做出价格与销量的分析图，以弱化产品价格的被动性。

例如，假设价格在 25 ~ 85 元的产品销量最好，而目前市场上这个价格区间的产品造型和功能基本相似。设计师在设计时就可以根据这些信息，突出针对性与独特性，结合用户需求，通过差异化设计来区别同类产品，使产品在这个价格段中脱颖而出。

通过大数据，设计师能及时分析出目前市场存在的产品有哪些优势和不足、是否完全满足用户需求以及自己产品的落脚点应该在哪里等问题。这些问题会影响产品的最终销量，在设计时必须重点关注。

以大数据为前提的产品设计，可以帮助设计师解决一些疑难问题，从产品的功能到产品的外观，每一步都经过计算与测算，才能让一切尽在掌控之中。

4.3.4 深化供应链协同能力

简单来说，物联网其实是“物物相连的互联网”，即通过传感装置、射频识别、视频识别、红外感应、全球定位系统和激光扫描器等信息传感设备和技术，根据需要，实现物品和机器的智能化识别、定位、跟踪、监控和管理等，最终使运输的全过程透明化。

在物流行业中，物联网主要应用于以下三大领域，如图 4-3 所示。

图 4-3 物联网主要应用三大领域

1. 货物仓储

传统仓储需要人工扫描货物、录取数据，工作效率低，而且货物位置划分不清晰，堆放混乱，缺乏流程跟踪。将物联网与传统仓储结合起来，形成智能仓储管理系统，可以提高货物的进出效率，扩大存储容量，减少人工成本，同时还可以实时监控货物的进出情况，提高交货准确率，及时完成收货入库、拣货出库等工作。

基于声、光、机、电、移动计算等各项先进技术，通过物联网建立全自动化的物流配送中心，能够实现区域内物流作业的智能控制和自动化操作。

2. 运输监测

通过全球定位系统进行智能配送的可视化管理，企业可以实时监控运输的货物及车辆，完成全方位的定位和跟踪，了解货物的状态及温湿度情况等。在货物运输过程中，企业应该将货物、司机及车辆情况等信息高效结合起来，以提高运输效率，降低运输成本与货物损耗，实现物流作业的透明化、可视化管理。

3. 智能快递终端

物联网在智能快递终端的应用是智能快递柜。基于物联网，智能快递柜具有对货物进行识别、存储、监控和管理的功能，与 PC 服务器共同构成了智能快递投递系统。PC 服务器处理智能快递终端采集到的数据，并实时在后台更新，这样用户可以在最短的时间内进行快递查询、快递调配及快递终端维护等。

将货物送达到指定地点并存入快递智能终端后，智能系统自动为用户发送短信，包括取件地址及验证码等，用户可以在 24 小时内随时去智能终端取货物，简单快捷地完成取件工作。同时，基于射频识别等技术建立的产品智能可追溯网络系统，例如，食品的可追溯系统、药品的可追溯系统等，为保障食品安全和药品安全提供了坚实的物流保障。

作为全球物品信息实时共享计划的早期参与者之一，沃尔玛很早就开始进行射频识别的应用、测试和研发工作，主要目的是追踪产品的物流信息。沃尔玛曾要求其前 100 大供应商在规定时限内，在供货所用托盘或箱体上贴上附带各种物流信息的电子标签，这是沃尔玛迈出的连锁零售商大规模应用射频识别的第一步，相关供应商的射频识别计划合作也在逐渐深入。

在对 12 个射频识别试点和 12 个不采用射频识别的商店进行了 29 周的研究

后，沃尔玛发现，实施射频识别计划可以有效降低缺货率和库存量。在补货速度方面，贴有电子标签的货物的补货速度要比应用条形码的货物快三倍。

沃尔玛对射频识别的应用是物联网的另一种表现。物联网以后的发展，要集成物流、运输、仓储，交通等多个领域，同时还要改变航运、海运、陆运等运输方式，更关键的是，要让与生产和物流有关的制造企业受益。

智慧物流体系一方面提高了物流的效率，另一方面保证了产品的质量，产品在有序的流通环节里运行，保障消费者权益。未来只要与制造业相关的，如汽车、家电、服饰和食物等都能通过物联网进行识别、标识、跟踪、监控，以保证物流在合规合法的、高质量、有效的环境里高效率运转。

现代物流业的发展以技术变革为基础，物联网作为技术变革的核心之一，将全面影响物流业，例如，使物流配送网络走向智能化、实现敏捷智能的供应链变革、实现物流运输的透明化与实时化管理、让重要货物可追踪等，进而推动制造业的转型升级。

·第 5 章·

工业互联网中的智能算法

如今的时代是信息繁杂的时代，如何从海量的数据中获取有意义的信息，又如何将信息归纳为知识，是一项工作量巨大同时又有高技术要求的工作。

为了减少人们的工作压力，也为了节约社会成本，一些能够代替人工计算的计算方法应运而生，这些计算方法也被称为智能算法。

5.1 AI 是通向未来之路

AI 的发展已经势不可挡，它对社会形态、经济形态的变化产生了重要影响，必将成为未来经济发展的核心驱动力之一。

5.1.1 工业互联网与智能制造

中国电子信息产业发展研究院前院长卢山曾在首届数字中国建设峰会“闽江夜话——工业之舟”论坛上说：“智能制造是‘中国制造强国战略’提出的五大重点工程中的第二个重点工程。智能制造被确定为‘中国制造强国战略’的主攻方向，要解决制造业的质量问题、创新驱动、绿色节能问题等。智能制造过程强调‘三化’，即数字化、网络化、智能化。智能制造与工业互联网有什么样的关系，值得业界思考。”

想要厘清工业互联网与智能制造的关系，制造企业首先要明确工业互联网与智能制造分别指什么。对于工业互联网本书已经在前面章节中做了详细的介绍，在此就不再多加赘述。智能制造是一种基于互联网、大数据、云计算及物联网的新一代 IT 技术。

智能制造拥有能够自主对深度信息进行感知，对决策做出智能化的自我决策，并在执行过程中做出精准的自我控制的能力，是先进制造过程、系统与模式的总称，其普遍存在于工业设计、生产、管理及服务等各个环节之中。

以智能工厂为载体，生产环节智能化为核心，以端到端数据流为基础，并把全面深度互联当做其运营的支撑是智能制造的特点。

由于人们消费意识的转变，他们对产品质量的要求越来越高，价值人力成本上涨及材料成本的提升，制造企业想要降低生产成本必须对其工业生产进行转型，而生产智能化将是制造企业的必然选择。由此可见，智能制造将成为工业制造的下一个风口。

工业互联网是智能制造的关键，这是由智能制造的实现需要依托于两个基础——工业制造技术和工业互联网技术决定的。工业互联网是智能制造充分发挥工业装备、工艺和材料潜能，提高制造企业生产效率，实现企业资源的优化合理配置，推动差异化产品设计和实现企业服务增值的关键。

中海创集团研究院院长郑松认为，“智能制造是‘中国制造强国战略’的主攻方向，工业互联网是必经之路，没有工业互联网，智能制造很难发展。”

5.1.2 自动化机器人还只是初级状态

受招工难、人工成本上升及生产效率提高等因素的影响，机器人换人的趋势在制造业中已经逐渐扩大，这一点在富士康的工厂中表现得尤为明显。富士康的生产工厂人数达 100 多万人，但是近几年正以每年几万人的趋势减少，这正是机器人替换潮流的表现。

即便是在小企业，劳动力结构转型也在逐步进行，过去每年 3 ~ 4 月份的招工热现在正在逐渐消退，各企业对具有高附加值的工人的需求逐渐增加，但低附加值的工人正逐渐被机器人顶替。

但是这并不意味着短期内自动化机器人将会完全顶替工人位置，我国的自动化机器人的发展依旧未趋于完善，自动化机器人在我国的发展道路还很长。

目前，我国的生产技术生产出来的自动化机器人虽然能够保持制造工序的完全一致，但是其应用只局限在大规模生产之中。

罗克韦尔自动化中国区市场推广经理李仲杰表示，“以单个汽车厂为例，一次性投入的成本在百亿元以上，如果一年只生产几百辆车，恐怕很难收回成本。由于当前的机器人技术有限，大多数只能实现单一动作的重复，如果生产线需要同时应对多款车型，对于机械设备与控制系统的要求更为复杂，那么投入的资金与时间成本更巨大。”

而对于精细化的制造企业来说，他们需要的是能够拥有比较完善的自我意识，能够做出精细化的辨识并具有灵活组合能力的机器人，但是这两点对目前我国机器人生产技术来说是一个难题。今后机器人是否能在工业中得到广泛使用取决于其在识别功能方面是否能做到完善。

截止到现在来看，机械臂是工业机器人中发展时间最长的一种，其经过了差不多 20 年的发展时间，而占据市场份额最多的依旧是发那科（日本）、ABB（瑞士）、库卡（德国）及柯马（意大利）这四大传统的机器人家族。

我国在生产工业机器人的过程中，虽然有 70%的部件，比如控制与视觉系统、马达等，都能做到自主生产，但是剩下 30%的核心部件生产技术依旧掌握在欧美和日本手中，我国只能通过进口获取。

台达电子企业管理（上海）有限公司总经理尹鏇博说："国内的机器人和零部件企业，马步要蹲稳，才可能真正实现中国制造强国战略，毕竟不能只看到大制造企业转型，而是需要制造业的升级换代。"

5.2 智能算法进行数据挖掘的 6 个经典步骤

大数据的价值让各个企业对它趋之若鹜，其实大数据的价值在数据挖掘上，通过数据挖掘找到对企业有价值的信息。数据挖掘的目的是通过事物的表象发现其隐藏的本质，在隐性的规律中发现看似无关事物间暗藏的联系，以及对未来发展进行预测。

5.2.1 属性筛选

属性筛选是通过搜索数据中的所有属性组合，从中找到预测效果最好的属性子集。传统的手工筛选属性的方法，既麻烦，准确率又不高，因此并不推荐。本节从 Weka（Waikato Environment for Knowledge Analysis，怀卡托智能分析环境）这一软件工具入手为各制造企业介绍数据挖掘中的属性算法。

为了实现筛选属性自动化，Weka 提供了属性筛选面板。实现筛选属性自动化需要设立好属性评估器和搜索方法。属性评估器给每个属性分配评估值，而搜索方法则决定了执行的搜索风格。

目前主要有两种属性评估器。

1. 属性子集评估器

属性子集评估器是选择属性的一个子集，随后反馈出对搜索起指导作用的度量数值。CfsSubsetEval 评估器能够评估出每个属性的预测能力及相互间的关系，从中挑选出与类别属性相关度高但是相互间相关度低的属性。只要子集中没有与当前属性相关度更高的属性，评估器就会持续向子集中添加相关度高的属性。

2. 单个属性评估器

ReliefAttributeEval 是在实例的基础上运行的评估器，它通过随机抽取样本，检查其中相同但类别不同的实例。ReliefAttributeEval 评估器可以运作在离散型和连续性的数据上，确定抽样实例的数量，即将检查的临近实例的数量。它的参数是对近邻的距离加权，以及控制权重根据距离衰减的指数函数。

InfoGainAttributeEval 评估器基于 MDL（Minimun Description Length，最小描述长度）的离散化方法对数值属性进行离散化。InfoGainAttributeEval 评估器是通过测量类别对应属性的信息增益来评估属性的。GainRatioAttributeEval 评估器则是通过测量相应类别的增益率来评估属性的。

BestFirst 搜索方法执行的是可回溯的贪婪爬山法，用户可以自行确定在系统的回溯线中必须连续遇到的几个无法改善的结点。BestFirst 搜索方法既能从空属性集开始向前搜索，也能从全集开始向后搜索，也能从中间点开始双向搜索。为了提高效率，BestFirst 搜索方法能够缓存已经评估过的子集。

GreedyStepwise 搜索方法只能搜索属性的子集空间，不能进行回溯。Ranker 搜索方法则是对单个属性进行排名的搜索方法。

5.2.2 分类和预测

数据挖掘中的分类和预测是两种用于预测未来结果和利用数据进行预测的方法。一般情况下，分类可以用来预测离散类别的数据对象，其预测的属性值将是离散的、无序的。预测可以用来预测连续取值的数据对象，其预测的属性值将是连续的、有序的。

比如在银行业务中，通常是根据贷款申请者的信息判断该申请者为“安全”和“风险”中的何种类型。这就是数据挖掘中的分类，而进一步分析申请人能够获得多少贷款属于预测。分类与预测中涉及的算法，有的只能进行分类，有的只能进行预测，有的则是两者皆可。

分类算法能够反映出同类事物间的共同性质特征，以及不同事物间的差异性。分类是在有指导的学习训练下建立分类模型，利用模型对尚未进行分类的事物进行分类。分类技术被应用于多领域，例如，注重用户细分的市场营销，采用分类技术对用户进行分类。另外，分类技术还可以应用在文献检索和搜索引擎中，其具体表现为自动文本分类技术。在安全领域也有利用分类技术检验入侵者的入侵检测技术。

总之，分类就是在对已有数据集的学习下，建立一个目标函数模型，将每个属性集映射到目标属性上，特别要注意的是，这个目标属性一定是离散的。分类的过程可分为两步：一是模型建立阶段，二是评估阶段。

预测与分类的区别是，分类是用来预测数据的类，而预测则是对空缺或未知的预测。比如，预估明天上证指数的收盘价格是上涨还是下跌是分类，对收盘价格的预估则是预测。

同分类模型相似，预测模型也可以被视为映射或是函数 $y=f(x)$，其中，x 代表的是输入元组，而 y 代表的是连续、有序的值。在预测算法中，测试数据集与训练数据集在预测过程中应该是独立的，y 的预测值与实际已知值的差就是预测的准确率。

5.2.3 回归分析

回归分析是对自变量与因变量间关系进行研究的方法，主要是通过建立因变量与影响因变量的自变量的回归模型，从而大概得出因变量的发展方向。

常见的回归模型有以下 4 种。首先，是线性回归，其适用于因变量与自变量是线性关系的情况；其次，是非线性回归，其适用于因变量与自变量不都是线性关系的情况；再次，是 Logistic 回归，其适用于因变量有 1 和 0 两种取值，或是多种分类的情况；最后，是岭回归，适用于自变量之间具有多重共线性的情况。

回归分析的步骤可分为 5 步。第一，根据预测目标的实际情况设置自变量和因变量；第二，绘制散点图，确定回归模型类型；第三，估计模型参数，建立回归模型；第四，检验回归模型；第五，通过回归模型的结果进行因变量发展预测。

5.2.4 聚类分析

聚类分析是在没有明确的划分类的条件下，根据数据的相似程度进行样本分组的一种方法。经过聚类分析后的数据，同类别的个体之间具有高相似度，不同类的个体之间差异性较大。

因为聚类模型可以建立在无类标记的数据上，因此，它是一种非监督的学习算法。而分类模型则需要使用有类标记样本构成的训练数据。

聚类对象有Q型聚类和R型聚类两种。Q型聚类也称样本或记录聚类，其通常以距离为相似性指标，如欧氏距离、欧氏平方距离、马氏距离和明式距离等。R型聚类是指标或变量聚类，其以相似系数为相似性指标，如皮尔逊相关系数、夹角余弦和指数相关系数等。

聚类分析的过程为，首先输入一组未被标记的样本，聚类分析会根据组内距离最小化、组间距离最大化的原则，以距离或相似度为依据将数据分到不同的小组。

目前，常用的聚类算法有K-Means划分法、K-中心点法和多层次聚类法。

K-Means划分法也称为K-均值聚类、快速聚类法。在K-Means划分法中，K代表的是聚类算法中类的个数，Means代表的是均值算法，所以K-Means就是通过均值算法把数据分成多类的算法。把不同样本点划分到一定数量的类中，使得每个点在最小化误差函数的基础上分放到离它最近的质心（一个类内部所有样本点的均值）对应的类中，是K-Means算法的目标。K-Means算法的原理相对简单，在处理大量数据时会发挥出更大的作用。

为了避免同K-Means划分法极易受异常值影响的缺陷，K-中心点算法不采用质心作为参考对象，而选用离平均值最近的对象作为分类的参考对象。

多层次聚类法也叫系统聚类法，其由高到低呈树形结构的分类的单位是该算法的特点。在多层次聚类法的分类单位中，类别所处的位置越低，包含的样本就越少，样本间的共同特征就越多。只适合在小数据量时使用是多层次聚类法的缺点，而且，在数据数量较多时，多层次聚类法的计算速度会非常慢。

5.2.5 关联分析

关联规则分析最早的应用是为了发现超市销售数据库中不同商品间的关联关

系，因此，其也称为购物篮分析。

关联规则分析主要应用于寻找各项数据间的关联关系。在了解到数据之间的关联关系后，制造企业就能够利用一个属性的信息推测出另一个属性的信息，当其可信度能够被认同时，则可以认为该规则成立。

常用的关联规则算法有 Apriori 算法（关联规则算法）、FP-Tree（频繁模式树）算法、Eclat 算法和灰色关联法。

通过连接产生候选项及其支持度，然后在进行筛选后得出频繁项集是 Apriori 算法的计算路径。Apriori 算法是在进行关联规则分析时常用的、经典的挖掘频繁项集的算法。但 Apriori 算法具有无法处理连续型数值变量的缺点，在处理这类变量时，制造企业需要先对数据进行离散化处理后才能采用 Apriori 算法。

为了弥补 Apriori 算法中无法改变的需要多次对事务数据集进行扫描的缺陷，不产生候选频繁项集的 FP-Tree 算法产生了。

不同于 Apriori 和 FP-Tree 算法采用的寻找频繁项集的数据挖掘方式，把数据集中的项划归到每个项目下，Eclat 算法实行了把数据中的事务分划到每个项下的另一种思路。作为一种深度优先算法，Eclat 算法采用垂直数据表示形式，在概念理论的基础上利用基于前缀的等价关系将搜索空间划分为较小的子空间。

分析和确定各因素之间的影响程度，或是若干个子因素对主因素的贡献度而进行的一种分析方法就是灰色关联法。

5.2.6 时间序列

按照发生的时间先后顺序对具有同一统计指标的数据进行排列，形成序列的方法叫作时间序列。分析时间序列的目的是根据给定的时间序列，对该数列的未来趋势进行预测。在进行时间序列分析时，要先对序列进行处理，包括纯随机性和平稳性检验，根据检验结果将序列分为纯随机序列、平稳非白噪声序列和非平稳序列三种不同的类型，并分别利用相应的分析方法进行分析。

纯随机序列也称为白噪声序列，序列的各项之间没有任何关联，完全按照随机形式进行波动，毫无规则可寻，这种无法提取出任何有效信息的平稳序列可以不再进行下一波的分析。

在平稳非白噪声序列中，均值和方差是常数。分析这种序列通常都会采用建立一个线性模型的方式来预测该数列的发展形势，并从中提取有效信息。ARMA模型（Autoregressive Moving Average model，自回归滑动平均模型）是最常用的平稳序列拟合模型。

非平稳序列的均值和方差都不稳定，对于这种序列的分析一般会先将其转化为平稳序列，利用分析平稳序列的方法进行分析。如果时间序列在进行差分运算后显示出平稳性，则该时间序列为差分平稳序列，可以使用 ARIMA 模型（Autoregressive Integrated Moving Average model，整合移动平均自回归模型）进行分析。

目前常用的时间序列模型有以下几种。

（1）平滑法。这种方法经常应用在对趋势的分析和预测上，其利用修匀技术，减轻短期内的随机波动对序列的影响，使序列表现呈平滑形式。根据对平滑技术使用形式的不同，可以将平滑法分为指数平滑法和移动平均法。

（2）组合模型。时间序列的变化经常会受到季节变动（S）、周期变动（C）、长期趋势（T）及不规则变动（I）这几种因素的影响。根据序列的特点，组合模型可以是加法模型，也可以是乘法模型。加法模型的公式为 $X=S+C+T+I$。乘法模型的公式为 $X=S\times C\times T\times I$。

（3）趋势拟合法是以时间为自变量，以相应的序列观察值为因变量，建立回归模型的方法。在趋势拟合法中，根据序列的特点可分为线性拟合和曲线拟合两种。

（4）ARIMA 模型。许多非平稳数列在进行差分后会呈现出平稳序列的性质，由此可以称其为差分平稳序列。差分平稳序列可以利用 ARIMA 模型进行拟合。

（5）ARCH 模型能够准确地模拟出时间序列变量的波动性变化，适用于具有异方差性且异方差函数短期自相关的序列。

（6）GARCH 模型也被称为广义的 ARCH 模型，是对 ARCH 模型的拓展，更能反映实际序列中的长期记忆性、信息的非对称性等性质。

·第 6 章·

工业互联网与信息安全

在工业互联网逐步与各个行业融合的过程中，信息安全问题也开始凸显出来。所以，我国企业必须建立完善的信息安全架构，尽快突破与信息安全相关的技术，重点发展高端产品，才能形成具有市场竞争力的工业互联网产品体系。

6.1 安全是工业互联网重要的三大任务之一

2018 年，在北京召开的工业互联网峰会期间，安全问题被提到了前所未有的高度，与网络、平台并列成为工业互联网的三大功能体系。

6.1.1 软件定义机器带来的改变

制造设备智能化的重要体现是软件定义机器，包括机器联网；App 和分析结果的机器及云嵌入，实现机器的智能化；无须更换硬件就能做到改变、升级机器功能，提供智能化改进服务；利用 API（Application Programming Interface，应用程序接口）和生态系统扩大工业互联网平台应用。

现今工业互联网技术主要是利用嵌入传感器、分布式计算的操作系统，使机器具有智能计算、处理的能力。比如，通用电气在每一个风机叶片上都安装了传感器，通过对风机转速、风力、温度、湿度和环境等数据的收集分析，风机能够在不需要把数据传输到数据系统的情况下，自行调整涡轮叶片的转速，并通过改变叶片的角度调整和增强风力，使风力增加 4%。这就是典型的软件定义机器。

互联网领域的大数据分析，对数据实时性、多样性有一定的要求，因此，要尽可能全面覆盖所有的使用样本。比如为了实现智能风区，以及对燃油发电机、蒸汽发电机机组核心设备的调用，制造企业要收集尽可能全的样本量，覆盖设备运作的每一个过程，不仅包含设备本身，还包含环境数据和过程数据。这是典型的对结构化、非结构化的全样本量采集，这种样本对数据清洁度有更高的要求，对格式、质量等也有较高要求。

工业互联网使用的分析手段包括对传统人工和机器学习人工智能的模拟和优化以及对数学模型的分析。由此可见，工业互联网涉及学科的多样，在传统生产制造工业的基础上，融合了计算机、大数据、统计数学等学科。因此，工业互联网分析对专业性、持续性、流行性、关联性、数据解析性的要求会更高。

工业互联网对机器的预测分析及对故障发生时间的预测，主要是为了帮助制造企业做好主动性、预测性、预防性维护，避免出现预料外的停机事故，减少因意外停机导致产能下降而出现的损失。

如果制造企业采用传统的预防方法，就要耗费大量的人力、物力及时间进行全机组扫描，预防成本巨大。另外，这种方法主要基于员工经验，很难保证检查效率和全线检查质量。

然而，采用软件定义机器不仅能使机器提升整体的预警能力，还能降低检查成本。因为，提高装置的安全性、可靠性是制造企业利用软件定义机器的首要目标，而降低运维成本、提高产能是效率和运维提升后的自然结果。

软件定义世界（SDX）已经是工业 OT 技术与信息 IT 技术融合的新趋势，并且该趋势在促进制造资源的数字化、网络化、智能化方面发挥了重要的引领作用，也为新兴的 CPS（Cyber-Physical Systems，信息物理系统）提供了技术支持。

软件定义在计算机领域表现为从软件定义函数、软件定义硬件发展到软件定义网络；在制造业信息化领域表现为从软件定义图纸、软件定义三维模型、软件定义流程发展到软件定义样机；在智能制造领域表现为从软件定义机器、软件定义装备发展到软件定义制造。

随着软件定义在工业、制造业的深入发展，泛在化逐渐成为信息空间与物理世界的融合趋势，未来机器的智能化水平的提高越来越依赖工业技术软件化水平的提高。发展 CPS、打造中国工业软件平台已经成为落实中国制造强国战略的重要抓手。

6.1.2 CPS 概念兴起及背后的安全隐忧

什么是 CPS？CPS 是一套支撑信息化与工业化深度融合的综合技术体系。它通过对先进的计算、通信、感知及控制信息技术和自动控制技术的集成，使物理世界与信息世界中的人、机、物、信息和环境等要素相互映射、高效协同、实时交互，实现企业系统内部资源配置和运行的按需响应、快速迭代及动态优化。

可见，CPS 的本质为实现物理世界与信息世界间的在数据自动流动的基础上的状态感知、实时分析、科学决策及精准执行，从而解决生产制造和应用服务中可能出现的具有不确定性、复杂性特征的问题，最终达到提高资源配置效率、资源利用优化的目的。

从2006年美国NSF（National Science Foundation，美国国家科学基金）提出CPS的概念开始，美国就开始了长达10年的新学科建设。当时美国希望能在10~20年的时间内，为信息系统与物理系统的结合构建出一个新的学科。然而，美国商务部下属NIST（National Institute of Standards and Technology，美国国家标准与技术研究）在2014年就已经开始推进CPS相关工作，可见美国的CPS体系在2014年已经基本完成，并进入应用阶段。

此后，CPS也受到了其他国家的重视，德国工程院启动Agenda CPS项目，并发布《信息物理系统综合研究报告》。在该项目中，德国率先提出了“CPS+制造业=工业4.0”的概念，并积极开展对工业4.0的探索和研究。

目前，NSF仍在继续对CPS项目相关研究发放资金以表支持，并在项目申请要求中明确提出人工智能的应用，这给CPS带来了大量的研究机会。

由于在CPS中，物理世界与信息世界的高度融合，使得入侵信息世界并破坏整个系统的信息攻击成为CPS始终挥散不去的安全问题。CPS中的信息攻击主要包含以下几种。

1. 干扰通信

这种信息攻击的方式是通过对系统节点间的通信连接及数据包路由的干扰或直接阻断，使系统无法实施管控，从而影响或破坏系统的运行及性能。这种信息攻击常见的攻击方式是DOS（Denial of Service，拒绝服务）攻击，通过对控制器或网络发送大量无效数据，使网络忙于处理无效信息，而无法对正常的服务请求作出回应。

2. 获取隐私

该方式通过监听系统节点间的通信数据、数据流向和流量等信息，在对信息进行分析后，一方面可以窃取系统中的各种隐私信息，另一方面还能了解和把握系统的运行模式，便于对系统的进一步入侵。

3．入侵攻击

在攻击者掌握了一定的信息后，就能够通过潜入系统内部，干扰或破坏系统节点的正常运行、劫持或者使系统瘫痪、对系统进行一系列的破坏等。网络钓鱼攻击是一种常见的入侵攻击，通过伪装恶意邮件或网站，欺骗用户输入自己的隐私信息，或是引导用户下载、安装恶意软件。

本节虽然只阐述了 CPS 中的信息安全问题，但是 CPS 的安全问题不只存在于信息领域之中。物理世界与信息世界融合的特征使攻击者也可以选择通过影响物理组件来实现攻击的目的。因此，CPS 的安全问题还需要相关研究人员的重新审视。

6.1.3 飙升的工业互联网安全事件

2018 年 3 月 18 日，Facebook 超 5 000 万用户信息数据泄露事故，使大众加深了对网络信息安全的担忧。英美及欧洲各国政府对本事故做出强烈反应，并展开调查。在该恶性事件的影响下，Facebook 遭受了重大打击，除了股值暴跌以外，还将面临大金额的罚款处罚。

事实上，信息泄露的事故不仅出现在 Facebook 上。近年来，信息泄露事故已经屡见不鲜，例如，互联网巨头雅虎证实每年都会发生信息泄露，甚至前几年发生过电信诈骗致死案件。

信息安全及泄露问题也不只局限于互联网与日常生活之中。随着互联网、物联网、大数据及云计算技术在工业生产中的运用，工业信息也同样面临着严峻的安全问题，而且工业中的网络攻击还将对实体设备产生影响。

2010 年 10 月，震网病毒席卷全球工业界，使大量企业系统短时间内无法正常运行。震网病毒后来也被专家称为全球首个“超级工厂病毒”，全球有 45 000

个网络遭受病毒影响，其中对伊朗布什尔核电站的影响使伊朗成为被病毒影响最严重的国家。

2011 年，安全专家检测到震网病毒的进化版，Duqu 木马病毒出现。这种病毒要比震网病毒更聪明，且更强大。现已有很多企业表示他们的设备中有 Duqu 代码的存在，但是和震网病毒破坏工业控制系统不同，Duqu 病毒只是潜藏在系统之中窃取各种信息，其将何时或是否进行攻击行为，现今仍处于未知状态。

2015 年，乌克兰多个区域出现大规模意外停电，造成这次停电的原因正是其各处的电力系统遭到了恶意软件的攻击。此次停电事故长达数小时，给超过 140 万人带来了困扰。另外，在发电站遭受攻击的同时，处于乌克兰境内的许多能源企业也遭到了网络攻击。

工业互联网所面临的安全问题不只有工业网络攻击，还有一些潜在的危险尚未被发现。虽然现今互联网及智能硬件产业的发展促进了民用及工用产品的繁荣，但是这其中暗藏的重大安全隐患还需要国家及制造企业多加关注。

6.2 工业互联网 4 个主要层面可能面临的安全风险

工业互联网底层核心技术是由传统的传感器技术、数据采集技术、数据传输技术和数据处理技术构成的。这些传统技术中存在的许多尚未得到解决的问题和仍需弥补的安全漏洞无一不是对工业互联网安全性的挑战。

随着工业互联网“万物互联”的逐步实现，如果不能及时解决传统技术中存在的安全问题，这些问题将会随着互联网在工业生产中的应用得到进一步放大，甚至产生更严重的安全问题。

6.2.1 全面感知层的安全风险

感知层是由具有感知、识别、控制和执行等能力的多个设备组成的，其目的是通过对物体及环境数据的获取，进而实现对物理世界的感知和识别。其中包括的设备有传感器节点、智能终端及 RFID 节点。全面感知层是整个物联网的最底层，也可以说是基础层，其安全风险主要存在于两个层面，即物理层面和软件层面。

从感知层的物理层来看，其安全隐患来源于当前感知层的设备节点正朝着微型化的方向发展，其构造的简单化趋势使设备节点的综合防护能力存在缺陷，加上价值设备节点一般处于生产一线这种恶劣的工作环境中，位于监控的盲区，更是增加了其危险系数。而且由于感知层的设备节点在工业互联网中的重要位置，一旦其遭到非法操作的破坏，产生的连锁反应将有可能导致整个工业互联网系统受到影响。

从感知层的软件层来说，感知层的设备节点功能比较单一，中央控制器处理能力不强，攻击者很容易利用暴力攻击或用堆栈溢出的方式控制终端设备，并在其中伪造身份，使其能够毫无阻拦地进入工业互联网内部。

6.2.2 可靠传输层的安全风险

利用移动通信网、互联网、专业网、小型局域网及三网融合通信平台等网络对数据进行传输是传输层的主要传输方式。

工业互联网是由多系统、多平台、多设备共同组成的。构成元素的多样化导致了工业互联网对多种数据传输方式、传输协议及多种开放端口的协调需求。这为工业互联网带来了以下两个安全隐患。

第一，感知层节点间的数据调度及身份认证问题。

工业互联网中的无线传感器网络是由感知层中的大量数据采集节点以集群的方式构成的，这中间的运作需要传输层做好调度工作。如果调度出现问题，工业物联网将很有可能出现数据堵塞、数据丢失或是拒绝服务的情况。另外，传递层每个终端节点的身份认证也会消耗大量网络资源，使传输效率受到不良影响。

第二，底层数据的加密传输与通信问题。

传感器数据形式多样，使无线传感器接口数据均采用自定义格式，数据加密也仅采用逐条加密方式保证组件间的兼容性。这些因素会导致数据在传输过程中易被窃取。

6.2.3 智能处理层的安全风险

智能处理层由多个具有不同功能的智能处理平台组成，并通过网格运算或云计算的方式调配、组织这些平台的运算能力。

智能处理层会根据不同的需求使原始数据在经过分析处理后转换为相应的格式，使同一感知数据在不同应用系统间实现数据共享。处理层还可以在接收到数据和应用层用户指令的情况下做出智能决策，调控子系统内部的预设规则，或是改变子系统及感知设备的运行状态。

智能处理层的安全风险主要包括非法人为干预、恶意攻击导致的系统稳定性降低、数据智能处理失控、设备丢失等问题。

智能处理层中汇集了整个工业互联网系统的大量数据，处理数据中产生的大量计算会使处理层无力应对病毒代码的攻击。而且智能处理层在整个工业互联网的层次结构中处于核心地位，一旦其受到非法的人为干预导致硬件遭到入侵，不仅会对本层次的运用及决策产生影响，其上下层也将受到打击，整个系统将处于不可控的危险状态。

6.2.4 综合应用层的安全风险

综合应用层主要是对管理人员或终端用户提供定制化个性业务，包括身份认证、隐私保护等。同时应用层还将衔接处理层，预留人机交互接口，并提供用户操作指令。通过这些接口，实现用户利用 TV（television，电视）端、PC（Personal Computer，个人电脑）端、移动端等多终端设备的网络访问活动。

多样性和不确定性是综合应用层的特点。工业生产实际应用环境的不同也造成其安全需求的不同，超大量终端、海量数据、异构网络和多样化系统导致出现了各种不同的安全问题，并且有些安全问题难以预测。

数据共享是物联网应用层的主要功能之一，而数据隐私性、访问权限和信息泄露追踪等又是数据共享出现问题的高发区。

由于工业互联网的目标是连接产品与客户，这就导致工业互联网必定要对客户的个人信息、使用习惯等隐私数据进行搜集。如果在这一过程中，应用层出现差错，很有可能会导致客户隐私数据泄露。

整个工业互联网系统上层的应用是以底层传感数据为基础的，数据的逐层传输过程，以及不同应用程序对数据的访问过程，都有可能造成数据的泄露。

·第 7 章·

合格的工业互联网平台

虽然在国家政策及企业需求的带动下，工业互联网平台的发展速度飞快，但是从总体发展状况来看，目前我国的工业互联网平台的发展仍未成熟，在业务模式、技术水平和商业模式等方面还需探索。

7.1 工业互联网平台与 IaaS、PaaS、SaaS

工业互联网平台包括 IaaS（Infrastructure as a Service，基础设施即服务）、PaaS（Platform as a Service，平台即服务）和 SaaS（Software as a Service，软件即服务）三个层面，分别对应将数据信息系统存储到云端，使制造企业应用信息系统更加便捷，更有利于管理的服务；为开发者提供对软件功能进行配置或二次开发的平台的服务；将工业软件演化为一种服务。

7.1.1 什么是工业互联网平台

工业互联网有狭义和广义两种不同的理解方式。狭义的工业互联网平台源于工业互联网，并为工业互联网服务，是工业互联网的重要组成部分和标志。

在工业互联网平台中，工业生产实现了与物联网、大数据及云计算的深度融合。目前的主要代表有通用电气的 Predix、西门子的 MindSphere 及我国的三一根云平台等。

根据主攻方向和服务对象的差异，狭义的工业互联网平台又可分为资产优化平台和资源配置平台。

资产优化平台关注的重点为设备资源的管理及运营。其通过传感技术、信息通信技术，以及卫星传输技术的应用，对智能设备及智能产品进行远程连接，并将设备、环境、历史数据聚集在云端，利用大数据技术、人工智能技术实时分析设备的运转状态及性能，并以应用程序的形式为制造企业的生产和决策提供智能服务。

资源配置平台主要应用于资源的组织与调度，利用云端接入大量分散的资源，优化制造企业资源、生产过程与供应链管理，提升为供需双方、企业内部及外部配置生产资源的效率。

除了以上两种狭义的工业互联网平台，广义的工业互联网平台还包括通用使能平台。此类平台能够为制造企业提供物联网、大数据、云计算中所需的基础性、通用性服务，主要由通信技术企业提供。

总之，工业互联网平台是为了满足工业生产的数字化、网络化、智能化需求，在对大量的工业数据进行价值挖掘的基础上，在生产过程中形成智能决策，改进业务模式，优化企业资源配置，建立产业生态化发展的开放式服务平台。

7.1.2 IaaS 是支撑

IaaS 的全称为 Infrastructure as a Service，即基础设施即服务，通常利用互联网向各企业提供虚拟化计算资源。IaaS 层属于工业互联网中的支撑层，能够对所有计算基础设施加以利用，包括处理 CPU、内存、存储、网络和其他基本计算资源，因此，制造企业可以在该层对任意软件进行部署和运行，包括操作系统和应用程序。

IaaS 服务提供商能够为企业提供硬件设备、操作系统及其他软件、服务器和 IT 组件，集中放置在 IaaS 服务提供商的大型机房进行统一管理和服务，不仅能够以高度自动化的形式帮助企业管理，还能够有效地减少企业服务器的占地面积与维护成本。此外，IaaS 提供商还有可能提供诸如持续系统维护、数据备份和其他连续性服务。

IaaS 分为公共和私有两种。亚马逊的弹性计算云在基础设施云中使用的就是公共服务器池，面对更加私有化的服务需求，亚马逊弹性计算云会使用亚马逊内部数据中心的一组公用或私有服务器池。

IaaS 同样具有与其他云计算产品相同的业务优势，它具有为制造企业提供仅依赖于本地数据中心的传统 IT 基础设施所不具有的灵活性。

IaaS 平台能够提供具有高度可扩展性的 IT 资源的访问，这些资源可以根据制造企业对容量变化的需求进行调整。这使得 IaaS 平台适合那些工作负荷在短时间内突然暴增的企业，例如许多零售企业会在节假日迎来销售量暴涨的情况。这种特性也意味着 IaaS 同样适合期望稳定增长的中小型企业。

灵活性更高，能够更好地跟随实际情况的转变做出反应，这是当代企业在网络基础上的企业竞争点，因此，提高业务敏捷性和可扩展性就成了 IaaS 的关键业务驱动因素。此外，IaaS 的灵活性还体现在其具有位置的灵活性，企业可以不再受地点的限制，做到从任何一个有网络的位置访问 IaaS 产品。

7.1.3 工业 PaaS 平台是核心

PaaS 的全称为 Platform as a Service（平台即服务），主要面向软件开发者。工业 PaaS 平台对应的是工业互联网的平台层，是在已经成熟的 IaaS 平台上构建的具有可扩展性特征的操作系统，以及为工业应用软件的开发提供基础的平台。在工业互联网中，工业 PaaS 处于核心地位。

PaaS 可以整合制造企业中的多种业务能力，包括应用服务器、业务能力接入、业务引擎和业务开放平台。PaaS 的功能向下表现为根据业务能力需要，测算基础服务能力。此外，PaaS 还通过利用 IaaS 提供的 API 接口调用硬件资源，向上为制造企业提供业务调度中心服务，实时监控平台中的各种资源，并通过 API 接口将各种资源开放给 SaaS 用户。

PaaS 主要具备以下三个特点。

第一，PaaS 为软件开发提供协作平台，可用于应用程序中的数据源、工作流管理。与传统的服务相比，PaaS 提供的是基础平台，而不是某种应用。其采用的方式是由具有相关知识的专业的平台服务提供商搭建运营基础平台，用提供服务的方式将平台提供给应用系统运营商。

第二，PaaS 提供的服务还包括对平台的技术支持、对平台应用系统的开发和优化等。

第三，PaaS 的实质是将互联网的资源服务转化为可编程接口，为第三方开发者提供资源和服务平台。

在 PaaS 平台的支持下，第三方开发者能够利用大量的可编程元素。可编程元素中存在具体的业务逻辑，可以为开发者的开发带来许多便利。这些具体的业务逻辑一方面能够提高开发者的开发效率，另一方面也节约了开发成本，并且能使开发者变得更加敏捷，提高根据用户的需求快速响应的开发能力。

PaaS 平台分为云平台和企业级平台两大类，企业级平台由大型企业内部私有云平台和面向 ISV（Independent Software Vendors，独立软件开发商）的 PaaS 平台组成。

7.1.4 SaaS 是关键

SaaS 是在应用软件逐渐成熟的背景下，开始兴起的一种创新型软件应用模式。SaaS 的全称是 Software as a Service（软件即服务），在工业互联网中处于关键层的位置，其主要体现方式为工业 App，一般用于为特定的工业场景提供特定服务。

SaaS 是一种通过互联网提供软件的模式。制造企业可以将软件安置在企业的服务器上，用户通过网络向制造企业定制自己实际所需的应用软件服务，制造企业可以按照订购服务的多少和时间长短收取一定费用。SaaS 产品种类包括设计、生产、设备管理及能耗优化等。SaaS 普遍以收取年费的形式售卖，利用实体光盘进行本地安装，与企业内部局域网连接。

对于许多中小企业来说，SaaS 是应用先进技术的最好途径，可以由无须再购买软件，改为向提供商租用基于 Web（World Wide Web，全球广域网）的软件来对企业经营活动进行管理。提供商还会提供后续的管理和维护服务，以及软件的离线操作和本地数据存储，使得企业可以随时随地使用其定购的软件和服务。

由于此软件系统只能由专业的软件售后服务人员上门调试，因此，软件系统并不能做到及时自动更新和升级。虽然 SaaS 有着这样的缺点，但是对广大技术实力较弱的中小企业来说，SaaS 是其应用先进技术实施信息化的最佳方法。当然，SaaS 的适用领域不仅局限在中小企业，所有规模的企业都可以利用它从中获利。

7.2 主流视角下的平台不同侧重点

在举办 2018 年工业互联网平台苏州峰会期间，工业和信息化部信软司副司长安筱鹏在会上做了《认识工业互联网平台的四个视角》的演讲，从四个不同的视角对工业互联网平台进行了新的认识和理解。

7.2.1 工业云视角下的工业互联网平台

无论工业互联网运行过程中涉及的技术如何复杂，其最终都将以整个平台的方式展现在用户的面前。就像其他系统平台一样，当从不同视角、不同侧重点来看工业互联网平台时，常会得到不一样的答案。

由工业云视角观察工业互联网平台的发展时，可以清晰地将工业互联网平台分为以下 4 个不同导向目的的发展阶段，如图 7-1 所示。

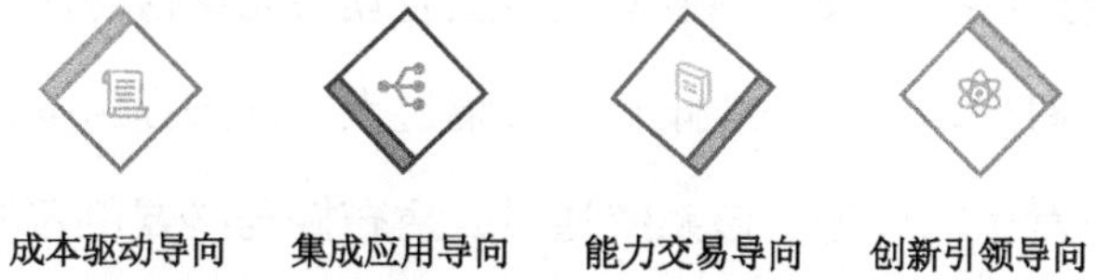

图 7-1 工业互联网平台不同阶段的不同目标导向

第一个阶段是以成本驱动为导向的阶段，此时工业互联网平台最明显的展现形式是“工业设计类工具+云技术”，如经典的 CAD（Computer Aided Design，计算机辅助设计）、CAE（Computer Aided Engineering，计算机辅助工程）等工业设计软件与云技术的融合。这些动作背后的核心目的就是千方百计帮助制造企业降低成本，包括设计成本、硬件成本、软件成本、部署成本和运营成本等。

第二个阶段是以集成应用为导向的阶段。在这一阶段，越来越多的企业将核心业务搬到云端，利用智能化网络的力量实现制造管理、供应链管理、客户关系管理等功能。

这一改变不仅帮助企业降低了运营成本，提升了运营效率，更重要的是大量制造企业通过这一阶段实现了各业务系统间数据的互连，促进了由单点或局部智能的全局优化的演进。

第三个阶段是以能力交易为导向的阶段，当然这并不是简单地将产品放到互联网上进行交易，这一阶段的“能力交易导向”是希望通过工业互联网的力量实现跨企业的制造资源优化配置。

当所有机器设备均与云端连接后，每个设备的状态、情况都可以得到统一的集中控制。之后工业互联网平台将实现制造能力在线发布、制造资源弹性供给、供需信息及时对接，并通过能力交易精准计费等方式提升企业的设计能力、供应链管理能力、交易能力、制造能力、物流能力、配送能力，进而全面提升用户体验与企业的市场竞争能力。

以目前应用最广的根云——智慧工地工业互联网平台为例进行讲解。为了避免工地塔吊在遇到超重、安装倾斜、转幅过大、外部强风多、塔吊间物体碰撞等情况下可能发生的危险，该系统通过云盒布控与必要位置的多种传感器，对塔吊状态信息进行采集、分析，将现场的风速、高度、变幅、角度、质量、倾斜度等信息通过无线传输实时反馈给平台，实现集中控制，第一时间排除安全隐患，如图 7-2 所示。

第四个阶段是以创新引领为导向的阶段。此阶段的工业互联网平台由于更深一步的发展已经可以实现对既有工业知识的沉淀、复用和重构，“云+边缘计算”、微服务架构、工业 App 等更强大、更便捷的应用开始出现。每个企业都可以拥有自己的私有云，工业互联网平台的便捷性与安全性均大幅提升。

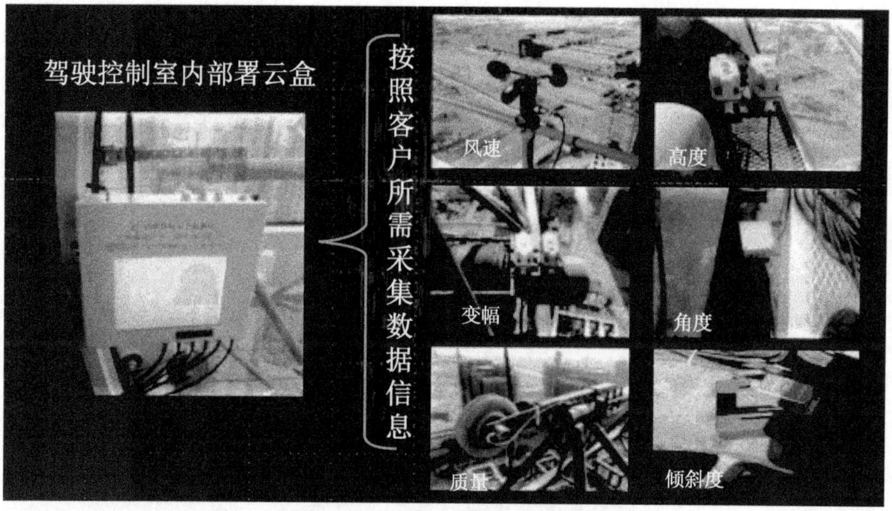

图 7-2 云盒采集塔吊状态信息

当以上四个阶段完成之后工业互联网平台将会进入一个全新的、以生态构建为导向的阶段，这一阶段与智能手机普及所带来的移动互联网大爆发时的场景类似。当大量企业看到工业互联网中所蕴藏的商机而涌入这一战场时，工业互联网平台的开发主体、开发内容及运营机制都会发生新一轮革新。

海量“第三方开发者+通用工业 App”的出现是明显的表现，集成业务系统、共享工具设备、叠加制造能力将是主要的关键词，工业知识生产、传播、利用的效率也将飞速上升。

7.2.2 解决方案视角下的工业互联网平台

从解决方案视角来看，工业互联网平台可以理解为一套基于云平台的数字化、网络化和智能化解决方案。工业互联网平台面向的是制造业数字化、网络化、智能化的一系列场景和问题，其对数据进行采集、汇聚、加工和处理，最后实现制造资源的泛在连接、弹性供给和高效配置。

从解决方案视角观察工业互联网平台的发展可以分为以下 3 个发展阶段，如图 7-3 所示。

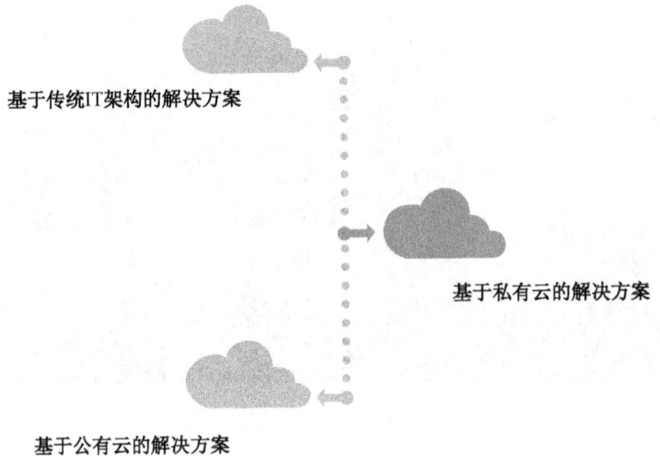

图 7-3　解决方案视角观察工业互联网平台发展的 3 个阶段

第一个阶段是基于传统 IT 架构的解决方案。20 世纪 90 年代，通用电气提出了基于医疗体系的解决方案，其在医疗设备上安装了很多传感器，传感器会在收集数据后传输到后台对医疗设备的情况进行分析。实施该方法，将有 41%的故障能够在 20 分钟内得到远程解决，有 34%的故障能够远程诊断出具体问题，维修工可以根据诊断结果去现场维修，平均 2 小时就能够使故障问题得到解决。

这样的商业模式早在十多年前就已经出现了，并且逐渐应用到航空发动机、风电设备维护等领域。制造企业把基于传统 IT 架构的解决方案称为解决方案 1.0 版。

第二个阶段是基于私有云的解决方案。随着云技术的逐渐完善，越来越多的企业选择将基于传统 IT 架构的解决方案转移到私有云上。例如，通用电气通过 APM（Application Performance Management，应用性能管理）为购买过本公司的燃气轮机、发动机、医疗设备等的用户提供在私有云基础上的设备远程监测和性能预测等服务。基于私有云的解决方案可以称为解决方案 2.0 版。

第三个阶段是基于公有云的解决方案。构建基于公有云的平台，拓展可提供服务的行业领域，同时向第三方开发者开放，是解决方案的 3.0 版本，具体实例有通用电气的 Predix 平台、西门子的 MindSphere 平台等。

制造企业也可以选择将三种解决方案融合在一起，这样在进行数字化、网络化、智能化建设时，既能采用基于传统 IT 架构的解决方案，也可以使用基于私有云部署或是基于公有云部署的解决方案。企业可以根据用户的具体需求，提供相应的服务。

在解决方案的 3 个发展阶段中存在着这样的误区：工业公有云并不比私有云先进，基于私有云的解决方案也并不完全优于传统的 IT 架构，具体采用何种方案还应根据具体需求进行选择。

7.2.3 操作系统视角下的工业互联网平台

从操作系统视角来看，工业互联网平台是一个可扩展的工业操作系统，是建立在云端基础上的开放式互联网操作系统，向下能够做到接入、控制和管理各种软硬件；向上能够提供开发接口、工具资源和存储计算等技术支持，此外还可以通过工业 App 的形式提供其他不同的服务。

操作系统的存在对于制造工业来说意义重大。在开发一些大型软件系统时，实际上有 65%的编程代码是不需要被重新开发的，因此，开发者在进行开发时只需要重复调用已有的软件功能模块即可。而工业领域不同，在工业中知识的复用率较低，对技术、知识、方法等的创新只能从零开始，此时的创新活动实际上有 80%的精力在做重复工作，只有 20%的精力真正用在创新上。构建一个工业互联网平台能很大程度上避免这种情况的发生。

这是因为工业互联网平台能够做到将大量已经存在的工业技术原理、基础工艺、行业知识、模型工具、业务流程及专家经验进行规则化、模块化、数字化、软件化处理，并储存在平台中。这样一来，开发者在进行开发时可以直接调用、复用或优化已有的工业体系，实现创新成本和风险的大幅度降低，设计、生产及服务的效率也能有所提升。此时将有 80%的精力用于创新工作，20%的精力消耗在重复工作上。

从这个角度来看，工业互联网就是通过提高工业知识的复用率，以此构建新的工业知识创造、传播和应用体系，即重构工业知识新体系。

7.2.4 产业生态视角下的工业互联网平台

工业互联网是打造工业智能制造的产业生态的核心。智能制造产业生态是由 4 层架构构成的，分别为边缘层、通用 SaaS 层、工业 PaaS 层及工业 App 应用层，也称 SaaS。从产业生态视角来看，工业互联网平台有 4 个重要特征，如图 7-4 所示。

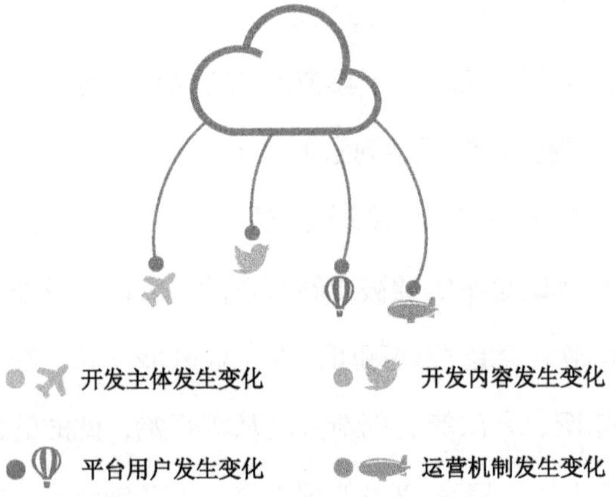

图 7-4 工业互联网平台的 4 个重要特征

1. 开发主体发生变化

传统的基于私有云部署的工业软件主要是由用户和平台开发者进行开发的，而发展到公有云部署阶段，其开发者主要是第三方应用开发者。

2. 开发内容发生变化

在基于私有云的情况下，开发内容普遍是有限的、封闭的、定制化的，而工业互联网在基于公有云的情况下，其开发内容将是海量的、通用的且开放的。

3. 平台用户发生变化

基于私有云部署的工业互联网平台主要是由有限的制造企业自己使用的，而基于公有云部署的工业互联网平台是帮助技术水平较弱的第三方中小企业将其业务系统迁移到云端，并由平台提供方为其提供相关服务的。

4. 运营机制发生变化

越来越多的中小企业选择将其业务系统移动到云端。为了满足中小企业的需求，工业 App 将具有更加多样的服务功能，以此建立工业 App 与企业用户间的相互促进、双向迭代的崭新生态体系。

7.3 主流工业互联网平台分析

工业互联网平台将成为制造业与互联网深度结合、共促发展的重要推动力，这已经成为全世界的共识，全世界对工业互联网平台建设的重视度毋庸置疑。目前，无论是国内，还是国外的工业互联网平台都处于规模化扩张的关键期。

7.3.1 老牌国外工业互联网平台

对于国外的工业互联网平台，我们主要以通用电气、施耐德及西门子 3 家知名企业为例进行大致介绍。

通用电气曾经研发并推出了 Predix 平台，尝试将其在航空、医疗、能源等领域的优势技术与数字技术连接，实现其向全球领先的工业互联网公司的转型。将不同类型的数据按照统一标准进行规范化管理，并提供实时调取、分析的服务是 Predix 平台的主要功能。

Predix 平台是由边缘连接层、基础设施层和应用服务层组成的。边缘连接层负责收集数据，并将数据传输到云端；基础设施层提供全球范围内的安全的云基础架构，满足企业的日常工业生产负载和监督；应用服务层负责提供工业微服务及其他服务交互框架，为企业提供创建、测试、运行工业互联网的环境和微服务市场。

目前，通用电气计划利用 Predix 平台开发部署互连产品、智能环境、现场人力管理等多种工业 App。

此外，施耐德集团也发布了 EcoStruxure 平台，计划将电力设备与数字技术结合，实现施耐德集团制造设备间的互连。与 Predix 平台不同，EcoStruxure 平台的 3 个层级分别为互连的产品、边缘控制与应用、分析和服务。

EcoStruxure 平台目前已联合 9 000 个系统集成商，部署超过 45 000 个系统。该平台主要面向楼宇、信息技术、工厂、配电、电网和机器六大方向。

西门子也推出了其研发的工业互联网平台——MindSphere 平台。该平台采用基于云的开放物联网架构，将由传感器、控制器等信息收集媒介生产设备状况实时传输到云端，同时，各个企业用户还可以在云端进行大数据的分析与挖掘、工业 App 的开发等活动。

MindSphere 平台中的 3 个层级为边缘连接层、开发运行层和应用服务层，主要包括 MindConnect、MindCloud 和 MindApp 三个核心要素。

7.3.2 国内工业互联网平台

我国工业互联网平台发展飞快，各种平台层出不穷，这里我们主要介绍航天云网和树根互联开发的两大知名工业互联网平台。

INDICS 平台是航天云网利用其自身在制造领域内的强大实力，以及在工业互联网领域的先行试验经验，开发出的一款工业互联网平台。INDICS 平台主要由 IaaS 层、DaaS 层及 PaaS 层组成。

在 IaaS 层，INDICS 建立了数据中心；在 DaaS 层，能够提供大数据存储和分析产品的服务；在 PaaS 层，能够提供工业服务引擎、大数据分析引擎和人工智能引擎等多种工业 PaaS 服务。另外，还有面向开发者的公共服务组件库和 200 多种 API（Application Programming Interface，应用程序接口），帮助各类工业应用实现快速开发与迭代。

通过提供 Smart IoT（斯马特物联网）产品和 INDICS-Open API 软件接口，以及支持工业设备、产品和工业服务的接入，INDICS 平台实现了“云计算+边缘计算”混合数据计算模式。该平台对外开放应用 App 500 余种，能够满足制造企业的多种需求。

根云平台是我国出现时间较早，可连接的工业装备数量较多，涉及服务行业较多的工业互联网赋能平台，其能够为不同行业领域的企业提供基于物联网、大数据的云服务及各种应用服务，同时与各类行业开展深度合作，形成生态效应。

当前，根云平台已实现接入能源设备、港口机械、农业机械、纺织设备、专用车辆及工程机械等各类设备超 40 万台，每日采集参数过万，连接数千亿资产，同时还在为用户开拓超百亿元收入的新业务。

PART THREE

第 3 部分

工业互联网在具体领域的综合性应用

·第 8 章·

工业互联网与智能化工厂

工业互联网背景下的智能化工厂由机器实时监控，最大限度减少了人为干预，可以为企业带来很多积极影响。例如，数字化车间实现各个生产环节的互连；云系统改善工人的工作流程；智能物流为“技术+先进制造”提供现代化运输支撑等。

在接下来的 20 年，“如何做一个行业领导者”将成为重大热点话题，任何一家企业都不愿意错过这趟超级列车。但是事实告诉我们，真正能搭上超级列车的企业不会很多，这些企业往往已经建立了智能化工厂，所以你做好准备了吗?

8.1 智能化工厂平台上的系统生命周期

系统生命周期（System Life Cycle）是指系统从导入、成长到成熟、衰退的整个过程，对该过程进行管理不仅可以实现生产的动态化，还可以通过对各个程序的控制，达到为企业增加收入和降低成本的目的，这是企业未来在激烈市场竞争中获胜的一种最优方法。

因为系统生命周期是建立在智能化工厂平台上的，所以智能化工厂平台上的产品生命周期也由此延伸。一般来说，智能化工厂建设和产品研发的过程比较相似，可以分为几个阶段，每个阶段有不同的侧重和颗粒度，并且需要技术的助力和理论的指导。

8.1.1 几何级数的时间压缩模式

自工业互联网的概念提出之后，美国、英国、日本、中国等国相继提出符合本国实际情况的新工业战略。

各国纷纷投入巨资对工业互联网进行深度尝试，主要是因为各国都想通过工业互联网在生产时间上进行几何级数的压缩，具体可以从以下几个方面进行说明。

1. 智能化工厂平台上的生态系统

对自然界来说，所有的生物和非生物成分（如阳光、空气、水、无机盐、动植物、微生物等）组合在一起，形成一个动态系统。通过系统内部能量的流动形成一定的营养结构，保持生物多样性和物质循环。

在智能化工厂平台上，产品生态系统可以最大限度地实现跨越时空、地域和供应链的信息集成。在产品生命周期内（见图 8-1），智能化工厂平台可以充分利用分布在各个子系统中的数据和智力资产，完成生态系统的动态平衡。

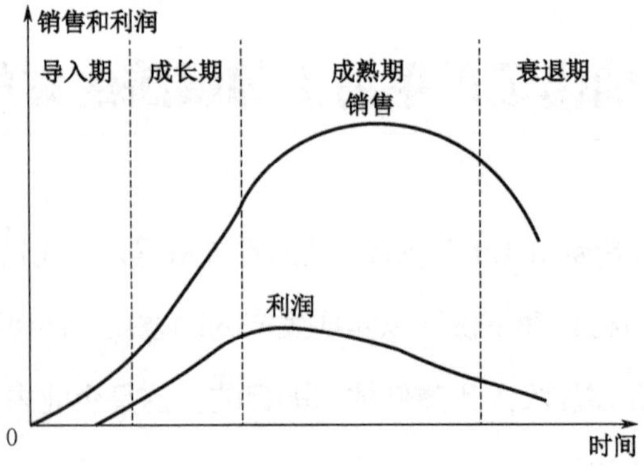

图 8-1 产品生命周期

导入期：生态系统利用动态数据流和智力资产分析出客户需求，完成产品的概念设计和验证过程，以达到提高效率，延长产品生命周期的目的。

成长期：生态系统通过销售端完成产品规模的扩张。

成熟期：生态系统利用动态数据流和智力资产，迅速进行产品的变形、改良。

衰退期：生态系统通过衍生的方式，力图进入新的销售市场，并通过提供数字化的服务与维修，尽量减少维修成本，延长产品生命周期。

通常情况下，企业与其供应商及客户之间、企业中异构的应用系统之间、产品生命周期内不同阶段之间、分散在不同地点的产品生命周期的参与者之间都存在着信息交换的障碍。信息流的不通畅严重影响了企业的研发和生产效率。

因为生态系统解决方案采用数据流分析等先进技术，所以能够支持产品生命周期内不同阶段之间的信息对接，从而将整个产品生命周期统一起来。这种不同阶段之间的信息对接使企业能够消除地理、部门和技术等方面的障碍。

此外，生态系统解决方案还可以发挥三大作用：连接企业异构的应用系统，并使它们的产品数据动态同步；实现整个产品生命周期的自动化持续运转；构建智能化工厂背景下的几何级数的时间压缩模式。其中，智能化工厂的最大优势是通过对数据流的分析，实现生产时间的无下限几何级数递减。几何级数理论模型如表 8-1 所示。

表 8-1　几何级数理论模型

基数 1 次方数	基数 2 次方数	基数 9 次方数
2	4	512
3	9	19 683
5	25	1 953 125
7	49	40 353 607

为了得到一个比较直观的认识，我们以“2”的几何级数为例进行说明。假设

比尔·盖茨的资产为 5 200 亿元，如果你投资 1 万元，投资回报率为 100%，即构成“2”的几何数级，那么 26 年后，你的财富理论上应该是 6 711 亿元。

2. 数据平台无纸化实时对接

自德国之外的第一家数字化生产研发基地落户中国成都之后，变革时代就已经悄然来临。对传统工业来说，要生产一个产品，必须先完成一张设计图纸，然后交给生产部门做出样品，再由研发部门对样品进行改进后才可以正式生产。

而在数字化制造时代，研发和生产基于同一个数据平台，制造节奏发生巨大变化，而且完全不需要纸质的设计图纸。这种数字化制造使产品的上市时间大大压缩，生产效率和产品质量也比之前有了很大程度的提升。

3. 设计即生产

在工业互联网时代，虚拟生产一词作为新的生产途径被广泛谈及。虚拟全球化将与现实全球化融合，通过计算、自主控制和联网，人、机器和信息能够互相连接，融为一体。中国的制造企业将获得更高的生产效率、更短的上市时间、更受欢迎的产品。

以汽车为例，之前生产一款新汽车至少需要 8 年时间：上千名设计人员设计需要 3 年，模具生产人员制作模具需要 1 年，建设相应的流水线工厂需要 4 年。而现在，每一个环节的时间都被压缩。这主要是因为在工业互联网的背景下，制造企业可以结合各种技术进行柔性制造，实现高效设计、个性化生产，即当天设计，当天生产，第二天客户就能开上新汽车。

工业互联网时代是速度制胜的时代，如果希望在市场上，甚至全球范围内占据一定的地位，在短时间内做出正确决策十分重要。因此，制造企业应该尽快建设智能化工厂，引入生态系统解决方案，进而实现全局优化。

8.1.2 云系统引领下的智能化工厂

云系统又称云 OS、云计算操作系统，主要由云计算和云存储两部分组成。云计算通过数据中心设置大量计算机服务器群，通过网络传输的方式为客户提供差异化应用；云存储通过对客户的信息进行跨区存储，以达到节省本地存储资源的目的。

京沪高铁线上有一道独特的工业风景线，那就是前文提到的徐工，它是云系统应用的代表性企业，为我们揭开了云系统的神秘面纱。

徐工的占地面积约 17 万平方米，如此大的智能基地仅有 500 名工人负责操作，而剩余 90%的工作基本上都是由机器人（如焊接机器人、切割机器人和涂装机器人等）完成的。通常我们认为机器人是没有思想的、行动迟缓的，而徐工的机器人十分灵活，效率很高。

徐工的机器人可以做到在生产线上自行走动，而不触碰其他物品。它背着大大的铲斗，铲斗上放着需要焊接的物品，通过固定的指令将物品运送到焊接台上。在焊接台上，其他类型的机器人在按部就班地进行着某一工序的工作。这些机器人力量很大，能够将要生产的产品 360 度翻转，并进行全方位的焊接。这在传统的生产车间是难以想象的，因为工人并没有那么大的力量，而使用机械方法不仅非常笨重，还容易出现焊接不牢固的问题。

由于对机器人进行了精细的分工，产品的生产过程可以一气呵成，而且不需要操作员去指挥。此外，因为生产过程早就已经被记录在系统中，系统能够根据进度不断下达指令，所以几乎不需要人工参与，机器人只需要按照收到的指令完成相应的工作就可以。

徐工的独到之处，还不止于此。徐工设立了云车间，里面有一个调度系统，管理着所有的数控单体设备和集群设备。例如，当一台车床加工完成后，会自动向调度系统发送信息；收到信息后，调度系统会安排轨道把产品送到下一个工序，上一个工序也会通过轨道把产品送到车床上。另外，关于此产品的所有工序都会被记录下来，包括在哪一台车床上、在什么时间、完成了什么任务等。

在云车间的助力下，工人成为质检员，主要职责是对所有的产品进行质量检测。在这里，每个工人都有一个智能终端系统，此系统会显示今天需要完成的任务、生产线上的整体任务等。工人根据调度系统发布的指令去现场检测产品，以判断产品是否合格。

云车间里的机器也配备了互联网“脑细胞”，这些机器上有 GPS 定位系统、GPRS 无线通信系统和数据库自动识别系统等，将其组合在一起就构成了一个感知系统。以往徐工用来服务的机器出现状况时，必须先将照片、视频发给工程师进行初步分析，整个过程会频繁地进行信息核对。而现在就不需要，因为机器上贴了条码，只需要轻轻一扫，机器的所有重要信息都会显示出来，例如客户信息、服务商信息、零部件的研发与生产信息等。

对徐工来说，维修方案的制定也十分快捷，基本上就是瞬间自动完成。当远程诊断和后台知识库无法排除故障时，千里之外的客户服务中心会通过 GPS 定位系统找到离故障设备最近的服务车和服务人员，并通过地图导航带领服务人员第一时间赶到故障地点，排除故障，真正实现由原来的被动维修变为主动检修。

现在是一个拼效率、讲质量的时代，制造企业都想用最低的成本生产出满足市场需求的产品，这是无法回避的问题。云系统引领下的智能化工厂力求无人化生产，减少人为干预，实现高度自动化。同时，让机器人负责繁重的体力劳动，改善工作流程，也是工业互联网要达到的理想状态。

8.1.3 无人工厂集聚区

通过徐工的案例，我们能直观地看出无人工厂的优势，不过要想使这个优势实现最大化，必须走集群化道路。在这样的背景下，无人工厂集聚区应运而生。

1984 年，日本建成世界上第一座实验用的无人工厂，以前需要 100 人完成的工作，减少为只需要 4 人，效率为原来的 25 倍。无人工厂集聚区模式如图 8-2 所示，它是工业互联网与中国制造强国战略的必然趋势，具体包括以下三个方面的内容。

图 8-2 无人工厂集聚区模式

1. 剩余价值蓝海：从 0 到 1

传统企业的剩余价值往往来源于工人，即工人的数量越多，剩余价值越大。而工业互联网的剩余价值来源于包括智能机器人在内的所有变革，这是从 0 到 1 的过程，具有极强的颠覆性。在变革中，无人工厂是利润的体现模式，却不是核心竞争力所在。

无人工厂的核心竞争力是支撑生产过程的科研和管理队伍。其中，科研队伍为新技术的研发、技术工艺的改进、生产设备的发明创新等工作付出了大量劳动，形成了巨大的价值；管理队伍从事的也是高级劳动，同样很有价值。

2．无人工厂的资本利润

马克思的《资本论》指出，社会生产的总体剩余价值被认为是全部资本参与的产物。工业互联网时代，无人工厂的剩余价值在社会各部门、各企业、各个体之间的分配如果还是以劳动量为标准，那必然是错误的，而应该以资本为参照进行核算。

因此，在无人工厂中，可以产生剩余价值的除科研队伍和管理队伍以外，还有资本。随着全球经济的迅猛发展，无人工厂减少了劳动量，把人力充分解放出来，进一步提升了生产效率和产品质量，现在这已经成为了传统工厂发展不可逆转的趋势。

3．无人工厂集聚区的超额利润

无人工厂通过科研队伍提供的新技术实现了从 0 到 1 的变革，而要想获得超额利润并产生集聚效应，则只能采取从 1 到 n 的复制模式。所谓集聚效应（Combined Effect），主要是指各种产业和经济活动在空间上集中而产生的经济效果，这样的经济效果可以使企业的影响力和知名度得到大幅度提升。

例如，硅谷集中了数十家全球 IT 巨头和数万家中小型高科技企业。我国沿海一带，制鞋、制衣等行业都各自集中在特定的地区，如北京中关村是电子信息技术的集聚区，绝大多数互联网巨头都在那里办公。这些集聚区是资本与技术的混合体，任何有技术或者有资本的企业都可以在此实现自己的目标，当然也包括盈利。

集聚效应带来的好处主要有三点，具体如图 8-3 所示。

清楚集聚效应以后，无人工厂集聚区的超额利润来源也就不难解释了。

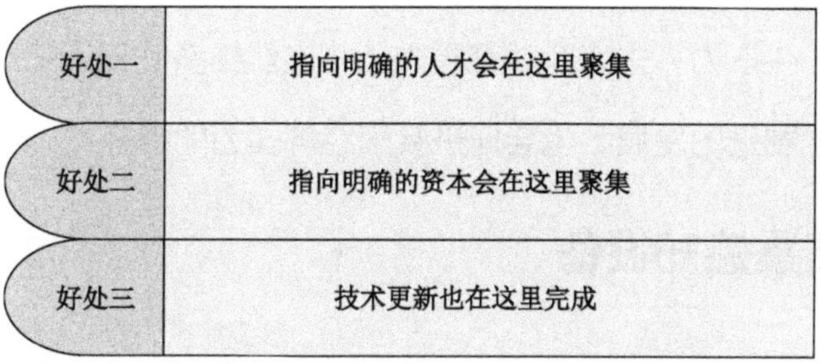

图 8-3 集聚效应的三点好处

例如，有一家企业主营汽车制造业务，A 地区的无人工厂负责生产汽车发动机；B 地区的无人工厂负责生产汽车玻璃；C 地区通过传统人工生产汽车轮胎。这种分散模式使整个制造过程变得非常烦琐，无形之中造成人力、财力的浪费。浪费的原因：一是地区对接产生的成本，二是无人工厂与传统人工对接产生的成本，而这二者通常是无人工厂集聚区的超额利润来源。

还以汽车制造为例，当只有少数几家企业拥有无人工厂时，这几家企业通过新技术生产产品的成本要低得多。也就是说，无人工厂产生的价值小于社会价值。在交换的过程中，企业无形中拿自己的低价值与别人的高价值进行互换。这样的价值之差就是无人工厂超额利润的来源，同时也是不等价交换的根本原因。

马克思对此类的价值交换评论道："如果一个产品以高于或低于它的价值出售，那只是剩余价值的另一种分配。"无人工厂生产较小价值的产品，而外界给予较高价值的判断，这种有利局面会直接导致生产数量的增加，以及超额价值的消失。基于此，无人工厂的管理者们可以赚得盆满钵满。

很多时候，超额利润其实是通过劳动时间换算得来的。如果无人工厂生产一件产品需要一个单位时间，传统工厂需要两个单位时间，那么前者的劳动生产率是后者的二倍。此外，因为还有一些隐形成本，所以这种换算方式足以支撑无人工厂的高收益。

技术是第一生产力，未来全球范围内还将出现更多的无人工厂，这会推动工业互联网和智能制造的发展，也会促进我国经济实力的提升。

8.1.4 情景感知设备

经常坐地铁的人都知道，地铁上到处都是“低头族”，他们都在用手机看自己想看的电影、小说等。而情景感知技术让你不用频繁地去低头关注屏幕，也不用下载各类烦琐的应用软件，就能浏览自己想看的内容。

全新的时代已经悄然来临，情景感知技术会对收集到的信息进行分析，然后准确推算出你下一步需要做什么，进而改善你的生活质量和工作效率。例如，当你再次坐在地铁上时，你经常使用的应用软件会自动加载；根据使用的频率，你的手机上也会自动出现 Facebook、微信等应用软件，你不再需要来回刷屏寻找它们。

上述只是一些简单的变化，情景感知设备是下一个十年最火爆的热点。因为将来的情景感知设备很可能具备手机的所有功能，手机的优势将会变得越来越不明显。

1. 情景感知设备

健康初创企业 Lifesum 的 CEO（Chief Executive Officer，首席执行官）亨利克·特斯泰森（Henrik Torstensson）说：“可穿戴设备将成为情景感知平台最重要的数据来源之一。可穿戴设备配置的感应器将突破手机感应器的监测功能，尤其是在健康和物理数据方面。基于人类的行为模式和特性，持续的数据积累将会为我们带来更准确、更复杂的服务。”

以可穿戴设备为代表的情景感知设备会走进我们的生活，逐渐被我们认可和接受，因为它确实能大幅度提升生活质量。例如，判断我们需不需要去游泳馆、需不需要调整作息习惯、是否应该增加运动量，甚至可以判断我们今天的饮食是否足够完美等。

情景感知技术离不开环境识别，具体到应用上就是图片识别，因为一般情况下，情景感知设备搜集的数据是以图像形式存储的。在这一领域做得比较出色的是 Slyce，它是来自加拿大的一家图像识别技术服务商。

Slyce 总裁埃尔芬拜因（Elfenbein）认为："Slyce 使用自己研发的图片识别技术，能够识别情景感知设备所采集的图片。与此同时，Slyce 还可以通过设置的程序去评估收集到的图片具有何种属性，并将图片与其属性最接近的零售品牌匹配在一起。"

这种技术对零售业的帮助十分明显，例如，在沃尔玛的零售店里，消费者可以用手机对一件上衣进行拍照，然后应用软件会打开这个上衣所在的网站，并向消费者发送折扣优惠券，或者展示此上衣的生产流程，或者提供搭配建议。

此外，埃尔芬拜因还提及了 Slyce 的一些潜在功能。例如，拍摄自己的头像照片，就会知道自己更适合哪种发型；或者拍摄需要维修的冰箱，然后就可以获得最近的维修点，以及维修工作人员的信息。

未来的情景感知设备主要通过对物体进行拍摄，获得与物体相关的信息，例如，拍摄一瓶可乐，就能知道它的价格、生产日期等。当然，还可以通过拍摄产品，获得同类产品的比较信息，以及为此产品做的宣传片等。

2. 私人定制你的情景感知设备

情景感知设备如此强大，我们需要做的不是增加其功能，而是删除和进化其功能，以适应个性化的生活。但是对于独立的个体来说，还是需要有一些专用的功能才好。

当 1991 年出生的美国人气偶像艾玛·罗伯茨（Emma Roberts）想在网上购买一双鞋子时，情景感知技术能让客服人员知道她此前在网上所浏览的鞋子颜色、她的在线消费习惯以及当前她所处的地理位置和天气条件。如果她那里正在下雨，客服人员还可以向她推荐最新款雨靴；如果她那里天气很好，就可以推荐清凉的水晶鞋。

如果艾玛·罗伯茨最后没有购买，那也没关系，客服人员可以根据她近两年的浏览数据分析她最近的状态，然后向她推荐合适的产品。如果发现艾玛·罗伯茨最近要参加一场重大活动，那么与此活动相匹配的衣服、首饰信息都会直接发送给她。

通过情景感知设备，销售人员可以知道自己的客户在何时何地，需要什么样的产品，还可以知道哪些产品销售不出去。例如，一家女服装店的女老板，在你还未进店之前，就已经知道了你的年龄、身高、消费记录、购物习惯，那她在向你介绍产品时，是不是更容易呢？

上面的案例是针对商人的，下面的案例则针对个人，因为情景感知设备研发的初衷就是为了方便我们的生活，帮助我们获得更好的消费体验。

现在你想用手上的 50 万美元买一辆超级跑车，但是你不需要亲自到店里试驾，只需要在可穿戴设备上安装一款应用。这款应用不仅能带你感受“真实”的试驾，还可以知晓你的身高、体重；知晓你是不是左撇子；知晓你的身体是不是能支撑超级跑车的速度；知晓你喜欢的颜色等。这听起来也许很简单，但是需要研发人员不断去了解你的需求，以便为你定制一辆满意的超级跑车。

情景感知设备在现代社会中扮演着至关重要的角色，它可以通过理解空间和运动为我们带来一种全新的体验，例如，3D 扫描、室内导航和身临其境的游戏等。制造企业需要利用情景感知设备实现自身的转型升级和营销效果的优化。

8.2 智能化工厂 4 个基本要素

随着工业互联网时代的到来，建立智能化工厂已经成为了现代企业不可逆转的发展方向。越来越多的企业为了保持和提升自身竞争力，都开始了对智能化工厂的探索和尝试。从构成的角度来看，智能化工厂包含 4 个基本要素，分别为数字化车间、自动质检设备、工业互联网管理数据和人机协同操作模式，本节将对此进行详细介绍。

8.2.1 数字化车间

技术在进步，工业互联网在发展，数字化车间已经成为智能化工厂的最基本要素。那么，数字化车间究竟是什么呢？从定义上来看，数字化车间是由数字化模型、方法和工具构成的综合网络，可以通过可视化、自动化的管理提升生产的效率和产品的质量。

数字化车间主要涉及三个环节，即设计、规划和执行，这三个环节又包括了数字化建模、虚拟仿真、VR（Virtual Reality，虚拟现实）和 AR（Augmented Reality，增强现实）等技术。

在设计环节，数字化建模是关键，通过该技术为产品构建三维模型，可以减少人力、物力等方面的成本。与此同时，产品的所有信息都会展现在三维模型上，并伴随整个生命周期，这是实现产品协同设计和生产的重要保障。

在规划环节，虚拟仿真可以帮助企业布局生产线、安排设备、明确制造路径、调整和优化运行系统。例如，知名汽车制造企业大众旗下的斯柯达捷克车间，就引进了虚拟仿真这项技术，以降低生产线需要花费的成本。此外，VR、AR 与虚拟仿真技术的进一步应用，为数字化车间的生产规划增添了一种真实感和科技感。

在执行环节，数字化车间会将制造执行系统与其他系统相连，以确保所有产品信息始终保持同步，并实现及时更新。例如，假设某产品的原材料发生变化，那制造执行系统与其他系统中的产品信息会同步变化，制造执行系统也会自动实施解决方案，这样可以减少误工带来的损失。此外，借助无线射频识别，制造执行系统还可以识别生产线上的产品零件，从而实现智能化的混线生产。

基于上述优势，数字化车间现在已经遍地开花，其中比较典型的企业是三星。在三星的数字车间中，物联网、VR、AR、大数据和人工智能等技术发挥了重要作用。

在大数据方面，三星整理了所有与生产相关的数据，找到 2 000 个因子，并将其分成三类，即产品特性、过程参数和影像。以影像数据来说，三星将多用于电影、游戏等商业性娱乐产业中的 VR、AR 应用到实际生产中，满足了不同地区之间进行实时远程协同配合的需求。

在人工智能方面，三星不仅对生产过程及产品进行百分之百的自动检测，还通过人工智能设备判断产品的质量。以卷绕工序为例，三星的主要检测项目有材料代码、长度、正/负极、隔膜、张力、速度、卷绕、短路、尺寸、速度等 159 项，采用高清摄像进行外观查验，可以识别出微米级的气泡，从而降低出错率，为用户提供最优质的产品。

另外，三星还实现了自动监控和智能防错，以避免人为失误与异常状况的发生。在自动监控方面，三星主要从环境、生产、标准、设备等方面入手。以环境监控为例，具体包括温度、湿度、压差和洁净度四大工程，其中，温度要控制在正负 2℃，湿度则始终保持负 32%RH。

在三星的数字化车间中，中央系统会对现场环境进行 24 小时监控，通过探头自动收集数据。当现场环境出现异常变化时，中央系统会发出警报，风机和除湿机等设备会在第一时间进行调整，直到恢复正常。

相关数据显示，采用数字化车间解决方案以后，生产线的布局时间减少 40%，返工现象减少 60%，生产效率提高 15%以上，整体成本降低 15%，产品的上市周期缩短 30%，这些都可以带动效益的增加和竞争力的提升。

在工业互联网的发展之路上，时间长、效率低、损失大无疑是三大绊脚石，数字化车间除了以其快速、自动、智能等特点为制造企业做出贡献，还帮助制造企业实现各个环节的互连，为打破信息孤岛、走向科技化奠定了坚实基础。

8.2.2 自动质检设备

现在，越来越多的智能化工厂希望可以用自动质检设备取代质检人员，完成一些比较基本的质检工作，例如，检查产品外观是否有缺陷、检查产品尺寸是否符合标准等。之所以会出现这种情况，主要是因为质检人员对产品进行质检会存在以下 3 点不足。

（1）质检人员的薪酬水平较之前有了较大提升，使得质检成本持续增加。

（2）当质检人员出现疲劳、粗心、操作失误、走神等现象时，很可能会导致漏检、误检，甚至二次损伤。

（3）在炼钢工厂、炼铁工厂等特殊场景中，质检人员的安全得不到充分保障，很有可能会受伤，甚至失去生命。

如果使用自动质检设备对产品进行质检，完全可以弥补上面所说的 3 点不足，同时还可以让质检变得更加迅速和统一。而且中国制造强国战略也要求，必须尽快完成传统质检模式向智能质检模式的转变。于是，自动质检设备不断涌现，质检云就是比较具有代表性的一个案例。

质检云基于百度 ABC（AI、大数据、云计算）能力，深度融合了机器视觉技术和深度学习技术，不仅识别率、准确率非常高，而且还特别容易部署和升级。另外，质检云最大的创新就在于省去了那些需要质检人员干预的环节。

针对产品质检，质检云可以通过对多层神经网络进行训练，来检测产品外观缺陷的形状、大小、位置等，同时还可以将同一产品上的多个外观缺陷进行分类识别。针对产品分类，质检云可以在 AI 的基础上为相似产品建立预测模型，从而在很大程度上实现精准分类。

从技术层面来看，质检云具有以下 3 大技术优势，如图 8-4 所示。

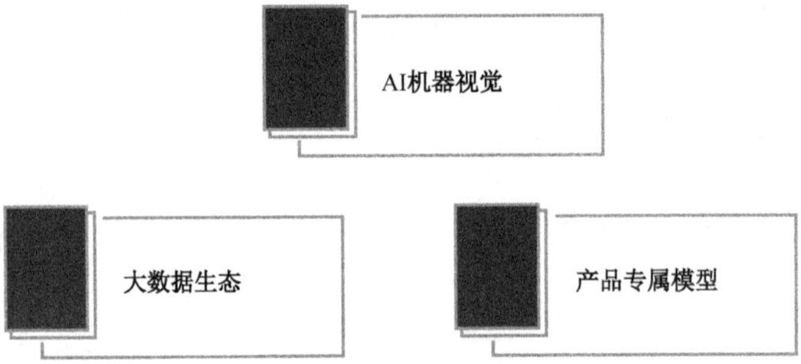

图 8-4　质检云的 3 大技术优势

1．AI 机器视觉

质检云基于百度多年的 AI 技术积累，实现了对工业的全面赋能。与传统视觉技术相比，AI 机器视觉技术改善了无法识别不规则缺陷的弊病，而且识别准确率也更高，甚至已经达到 99%。不仅如此，这一识别准确率还会随着数据量的增加而不断提高。

2．大数据生态

只要是质检云输出的质量数据，就可以直接融入百度大数据平台，这样不仅有利于工厂更好地掌握产品质量，还有利于产品的优化及制造流程的改善。

3. 产品专属模型

质检云可以提供深度学习能力培训服务，在预制模型能力的基础上，工厂可以自行对模型进行优化或拓展，并根据具体的应用场景打造出一个专属私有模型，从而使质检、分类效果得以大幅度提升。

与此同时，质检云还适用于大多数场景，例如，需要大量质检人员的工厂，主要包括屏幕生产工厂、LED 芯片工厂、炼钢工厂、炼铁工厂、玻璃制造工厂等。具体来说，质检云适用的场景包括但不限于以下几个场景。

（1）光伏 EL 质检：可以识别出数十种光伏 EL 缺陷，例如，隐裂、单晶/多晶暗域、黑角、黑边等。基于 AI 使缺陷分类准确率有很大提升。

（2）LED 芯片质检：通过深度学习技术对 LED 芯片缺陷的识别及分类进行训练，使质检的效率和准确率有了很大提升。

（3）汽车零件质检：对车载关键零部件进行质检，而且支持多种 AI 机器视觉质检方式，在很大程度上加快了质检的速度。

（4）液晶屏幕质检：根据液晶屏幕外围的电路，设计并优化预测模型，大幅度提升了准确率和召回率。

目前，类似于质检云这样的自动质检设备还有很多，它们都发挥着非常重要的作用，一方面，有利于减轻质检人员的工作压力，并在一定程度上保证质检人员的安全；另一方面，有利于工厂尽快优化产品，从而促进自身的长远发展。

8.2.3 工业互联网管理数据

如今，大数据、云计算等技术正在颠覆整个工业，这使得跨界融合、智能化的趋势日益显著，管理模式也发生了巨大变化。对于传统工厂而言，技术变革虽然非常困难，但形成一个新的管理模式更加困难。

随着工业互联网的发展，管理模式逐渐以云计算、大数据等技术为基础，其特点是权力绝对分散，能快速决策，各方资源完全打通，最终实现效率的提升。工业互联网开放性平台正在不断涌现，获取数据的渠道越来越多，但如果工厂不重视数据，那么数据带来的变革也与其无缘。因此，工业互联网背景下的管理模式要求工厂重视数据及技术的升级。

在生产和管理方面，工业互联网确实有很多优势，但是工厂也不能过于依赖这项技术。对于工厂来说，考虑各个决策对数据的需求，把数据快速分配到不同的环节，建立起一个灵活的组织架构，从而促进不同环节之间的合作和协调，才是正确、合理的做法。

在中国，很多发展较快的云服务商早就实现了联合上云模式，例如，阿里云现在已经和中策橡胶、徐工、比亚迪等国内十多家制造商合作；网易云和吉利合作，利用工业互联网实现柔性制造，缩短了产品的上市周期。

除此以外，腾讯也和三一重工合作，共同搭建了一个工业互联网平台。那么，它们具体是怎么合作的呢？

首先，三一重工与腾讯的云计算合作，把分布在全球的 30 万台设备接入到工业物联网平台上，实时采集近 1 万个运行参数。

其次，通过云计算和大数据，工业互联网平台对设备的运行进行远程管理，这不仅实现了故障维修 2 小时内到达现场，24 小时内完成的目标，还极大地减轻了库存压力。

最后，三一重工从过去的传统制造企业转变成服务型制造企业，在工业互联网时代，这样的做法符合发展潮流，有利于商业模式和管理模式的进步。

知名日用消费品企业宝洁也是运用工业互联网的代表性案例。对于宝洁而言，工业互联网已经不是一种简单的技术，而是新型的管理文化，即 Data Based

Decision Making（基于数据的决策）。通过工业互联网，宝洁获得了很多数据，并在这些数据的基础上建立了一套完整的管理模式，改善了决策不合理的现象。

工业互联网是一剂猛药，可以对生产模式、管理模式、销售模式产生巨大的冲击。在这种情况下，只有积极引入更加科学的工具，不断进行技术创新、模式创新和组织方式创新，企业才可以逐渐走上智能化、自动化的道路。

8.2.4 人机协同操作模式

麻省理工学院计算机科学和 AI 实验室主任丹妮拉·鲁斯曾经公开表示："现在应该做的是探索人和机器合作的新方法，而不是仅仅为机器取代某些工作而感到担忧和恐慌。"在他看来，人和机器不应该成为竞争对手，而应该是合作伙伴。

MIT 做过一项研究，结果显示，如果人和机器一起工作，效率可以达到最高。因此，未来几年，经济学家、技术专家、政策制定者、制造企业最关心的问题应该就是"机器如何和人一起工作，实现人机协同的目标？"

众所周知，工厂的生产活动非常复杂，一件产品少则需要投入数十种原材料，多则由数百万零件构成。生产同一个产品，不同工厂的生产工艺、生产设备和资源投入都不相同，这给供应链上下游的数字化连接带来了重重阻碍。

AI 有助于增强工人的能力，机器和智能软件则可以在定制与生产产品方面发挥非常大的作用。以雷柏为例，AI 为雷柏带去了自动化，自动化又为雷柏带去了福利，而这里所说的福利是指单位时间内用更少的工人生产更多的产品。

而且就现阶段而言，随着中国人口红利的逐渐消失，工人短缺和劳动力成本上涨的问题也越来越突出，再加上产品质量和价值的需求不断提升，这些都促使大量劳动密集型的工厂走上智能生产的道路。

引入机器以后，用工紧张问题比之前缓解了很多，生产过度依赖工人的状况也有所改善，这两点在长三角、珠三角体现得尤为明显。另外，一些专家表示，机器参与生产以后，工人就不需要去做那些重复、危险、简单、烦琐的工作，这虽然会导致所需工人数量的大幅减少，但是会大幅提升工人素质。

由此可见，虽然机器已经包揽了很多工作，但并不意味着工人就可以被完全取代。事实上，在很多时候，一些事情必须通过人机协同才可以顺利完成。例如，用机器将产品装配好以后，还需要工人来完成极为重要的检验工作，而且还需要为每个生产线配备负责操控和维护机器的组长，如图 8-5 所示。

图 8-5　组长在维护机器

在工厂中，机器换人不是简单的谁替代谁的问题，而是要追求一种工人与机器之间的有机互动与平衡。确实，自从机器换人以后，工人结构就发生了很大变化，即由产业工人占主要比重的金字塔结构转变为技术工人占主要比重的倒梯形结构。

实际上，在描述工业互联网的新趋势时，使用机器换人，还不如使用人机协同或人机配合，毕竟在短期内，机器还不会完全取代工人。而且，与机器相比，工人在某些方面仍具有不可替代的优势。

如今，大部分机器还只能完成一些简单的、重体力的、重复的流水线工作，而如果面对高精度、细致、复杂的工作则显得无能为力。而且很多工厂被爆出引入大量机器生产产品，但结果好像并不是那么尽善尽美。

必须承认，现在的机器还只能完成前端的基础性工作，而那些细致、复杂、高精度的后端工作则需要工人来完成。例如，在安装螺丝的时候，机器就无法做到高精准度，因此只能交给工人。这也就表示，即使工业互联网的时代已经到来，机器生产也有了很大发展，工人还是不能被替代，他们需要致力于精细化生产，完成后端工作。

将机器应用于工厂中，是为了使其能够达到甚至超过工人的水平，从而提升生产效率。可以说，工业互联网背景下的自动化是机器的柔性生产，本质是人机协同，强调机器能够自主配合工人的工作，自主适应环境的变化，最终推动工业的转型升级。

可以预见的是，技术一定会改变工业的生产流程和生产模式，至于如何改变及用什么样的方式改变，现在还是一个未知数。不过，在这个过程中，无论是工厂，还是工人，都需要面临各种各样的困难，所以必须做好充分的准备。

8.3 工业互联网为传统工厂带来的新元素

在科幻电影中，人们对现代化工厂充满了想象：智能眼镜让工人随时看见生产大数据；一声指令，生产线就能生产任何产品；无人驾驶的小车繁忙而有条不紊地工作……在现实生活中，我们距离这样的场景还有多远？工业互联网似乎可以给出答案。

随着工业互联网的发展，传统工厂有了新元素，例如，使用 3D 打印技术打印人体仿真器官，让机器人完成绝大部分工作，通过自动化物流系统防止货物在“最后一千米”出现问题。未来，在工业互联网的支撑下，传统工厂甚至可以被“折叠”起来，随时落户于任何一个角落。

8.3.1 3D 打印技术

工业互联网时代，3D 打印技术作为一个新元素开始进入工厂。然而，全球 3D 打印市场基本上被美国和欧洲控制着。日本不甘心，到目前为止，投入的扶持资金超过 3 亿元，同时还在成倍地增加，这样的举措也很快就收到了成效。

日本 3D 打印机企业 Genkei 与东京艺术设计大学的学生联合打造了一台巨型 3D 打印机——Magna。Magna 主要用于打印大型建筑组件、整体家具，以及小型 3D 打印机无法打印出来的产品。

Magna 采用了大型铝合金框架和激光切割的不锈钢板，以减小振动电机对质量的影响，最高可达 5 米，最大打印尺寸为直径 1.4 米、高 3 米。这款 3D 打印机十分灵活，打印出来的产品也很细腻。

许多人对 3D 打印很好奇，接下来我们看一下 3D 打印机的设计原理，如图 8-6 所示。

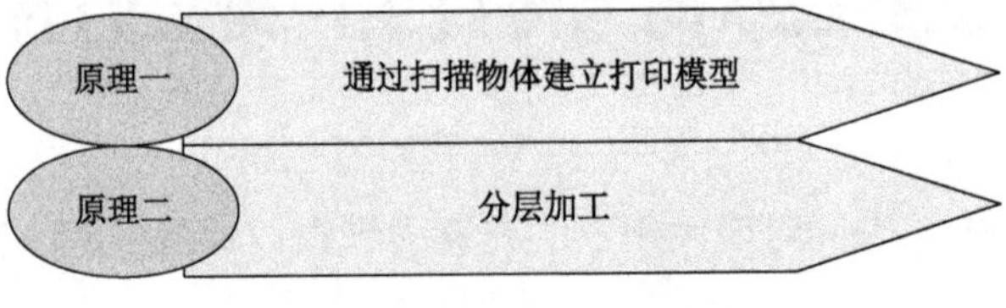

图 8-6 3D 打印机的设计原理

原理一：通过扫描物体建立打印模型。

如果你想要打印自己的人像，那就需要通过扫描，把你本人的身体数据都输入到计算机中。这和二维扫描仪比较相像，当然设计难度不在一个层面上。

3D 打印机由控制组件、机械组件、打印头、耗材和介质等组成，在打印前会在电脑上设计一个完整的三维立体模型，然后再进行输出。

原理二：分层加工。

三维立体模型建立起来后，3D 打印机会在需要成型的区域喷洒一层特殊胶水，胶水液滴本身很小，且不易扩散。然后喷洒一层均匀的粉末，粉末遇到胶水会迅速固化黏结，而没有胶水的区域仍保持松散状态。这样在一层胶水一层粉末的交替下，实体模型将会被打印成型，打印完毕后，只要扫除松散的粉末即可“刨”出模型，而剩余粉末还可循环利用。最终需要打印的 3D 产品在分层加工中成型。

介绍完 3D 打印原理之后，我们来看一下应用实例。在一次试验中，日本外科医生拿着一片柔软湿润的“肺叶”，“肺叶”上能看到有“血管”和“肿瘤”。当他用手术刀切割这片“肺叶”上的“肿瘤”时，血液从切口上慢慢流出。这个被切割的“肺叶”其实是用 3D 打印机打印出来的。

日本 Fasotec 是一家致力于 3D 打印技术的企业，此企业可以打印出肺等仿真人体器官，在实验用尸体紧缺的情况下，对于实习医生来说，这是一个很好的替代品，可以使其更快捷、扎实地掌握实习内容。

这种替代品有一个专有的名字，即生物质地湿模型。在 3D 打印出现之前，学校或医院提供给实习医生的器官模型过于简单，根本无法完全模仿手术中人体器官的真实反应。3D 打印则能够细致入微地扫描一个真实器官，然后打印出栩栩如生的器官模型。

在打印出“肺”的外壳后，3D 打印机还会注入凝胶型合成树脂，给医生一种湿润且真实的触感。每一片“肺”在质量和纹理上都严格仿照真实人体器官的样子，以便在医生手术刀切割的时候能感受同真实人体器官一样的效果。

Fasotec 创办人木下西角说，这种打印出来的器官，除了能让医生感受到器官的柔软度外，也能让他们看见器官流血时的情况。使用过这类模型的神户大学医学系研究科的杉本真希医生认为："模型几乎太真实了，如果不仔细分辨，很容易将模型当成真的。"

东京慈惠会医科大学医学博士森川利昭认为："3D 打印为医学提供了无限的可能性，有朝一日还能用于器官移植。"目前用于移植的 3D 打印器官方兴未艾，还处在很不成熟的阶段。东京大学医学系附属医院利用 3D 打印机和基因工程学技术，成功开发出了能在短时间内批量生产的、可移植给人体的皮肤、骨骼和关节等人造器官。

未来 5 年，日本政府还将出资 25 亿日元（约合人民币 1.3 亿元）援助 5 个科研组织，开发使用 3D 打印机，打印可以移植的人体组织和器官。有了如此雄厚的资金支持，受到资助的大阪大学等研究机构将迈入 3D 生物打印领域一流研究团队的行列。

日本通过学术界、高等院校、政府和企业的联合，慢慢实现了 3D 打印在医疗、工业设计、建筑、工程和施工、航空航天、汽车制造等领域的应用。同时这也是工业互联网时代的产物，因为只有技术才能让 3D 打印实现最终的飞越。

8.3.2 机器人生产

传统工厂要想实现转型升级，首先得引入机器人，然后把大部分工作交给机器人完成。在所有机器人中，机械手臂可以说是比较具有代表性的一种，也是应用比较广泛的一种。通常来讲，机械手臂应该由以下几部分组成，如图 8-7 所示。

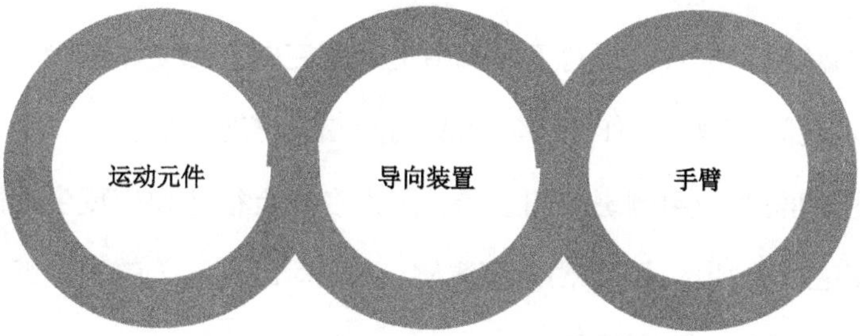

图 8-7　机械手臂的几个组成部分

其中，运动元件的作用是驱动手臂运动，主要包括油缸、凸轮、齿条和气缸等；导向装置的作用是保证手臂的正确方向，承受由于产品过重所产生的弯曲和扭转；而手臂的作用则是连接和承受外力。

一般情况下，安装在手臂上的零部件非常多，例如，冷却装置、自动检测装置、控制件、管路、油缸、行程定位装置和导向杆等。因此，手臂的工作范围、动作精度、结构、承载能力都会对机械手臂的性能产生很大影响。

在中国，包括机械手臂在内的机器人非常受工厂的欢迎，主要原因有以下几个。

1．国家在政策上给予支持

国家出台了一系列与机器人相关的政策，为机器人的应用和发展提供了坚实保障，例如，工业与信息部发布的《关于推进工业机器人产业发展的指导意见》（以下简称《意见》）。

《意见》明确指出："到 2020 年，形成完善的工业型机器人产业体系，高阶产品市场占有率提高到 45%以上，机器人密度（每万名工人所拥有的机器人数量）由目前的约 21 达到 100 以上。"也就是说，在国家政策的推动下，机器人的数量将有较大幅度增加，其对工厂产生的作用和影响也会越来越大。

2．可以提升工人的工作安全性

采用机器人以后，工人的工作安全性将会有较大提升，以前经常出现的工伤事故也会大幅减少。过去，所有工作都由工人来完成，即使是经验非常丰富的工人，也会因为设备故障、工作疏忽等情况而面临受伤的危险。

特别是那种需要采用倒班制的工作，工人在晚上很容易出现生理性疲劳，进而导致安全事故的发生。如果采用机器人，不仅可以使工人的安全得到保证，同时还可以将工厂的损失降到最低。

3. 让工人的工作变得更加轻松

当工厂引入机器人以后，工人不再需要承担所有的工作，只需要看管一个或多个机器人即可，这样要比之前轻松很多。另外，如果使机器人成为自动流水线，除了会让工人更加轻松以外，还可以节省一大部分场地，从而在很大程度上提升工厂的紧凑性和精致性。

越来越多的工厂开始引入机器人，实现了整个流程的自动化，虽然工人的数量因此有了大幅度减少，但是留下的那些工人正在做着一些更轻松、更安全的工作。

未来，工厂里的机器人还会有“灵魂”。机器人能向工程师“报告”自己身体某个部位出现了故障，必须停下来接受检查；天气炎热，机器人“心情不好”时，需要断电停工以便“闭目养神”；甚至机器人可以报告给工程师，刚刚来参观的同行偷偷记录了某些数据。

可以说，有了“灵魂”的机器人不再是一个冷冰冰的工具，而是一个有思想会表达的“人”，能够和人进行深度对话，理解人的想法。对于工厂和工人来说，这样的机器人更有“温度”，产生的优势也更明显。

8.3.3 厂内 AGV 运输

蒙牛的总部设在内蒙古呼和浩特，每年可以生产乳制品 500 万吨。随着生产规模的扩大，蒙牛很早之前就开始使用自动化立体仓库，以提高仓储容量和物流管理水平。除此以外，蒙牛的高度自动化物流系统也获得了业界的广泛关注。

高度自动化物流系统包括自动仓库系统 AS/RS（Automated Storage and Retrieval System，自动存取系统）、空中悬挂输送系统、码垛机器人、环行穿梭车、直线穿梭车、自动导引运输车 AGV（Automated Guided Vehicle）、自动整形机、连续提升机，以及多种类型的输送机等众多智能设备，是一个智能化程度比较高，也比较先进的物流系统。

这套物流系统主要用于常温液体奶的生产、储存及运输，按照功能划分为生产区、入库区、储存区和出库区等，由计算机统一实行自动化管理，可以实现从生产到出库装车全过程的无人化作业，涉及成品入出库、原材料及包装材料的输送等物流环节。

蒙牛的高度自动化物流系统囊括了四个方面，如图 8-8 所示。

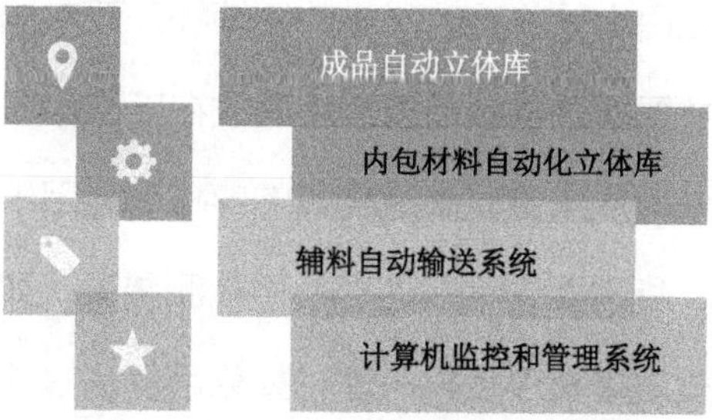

图 8-8　高度自动化物流系统的组成

1. 成品自动立体库

成品自动立体库主要用于产品封箱完成之后的环节，例如，装车前的出库区输送、成品存储与出库操作，以及空托盘存储等。在成品自动立体库中，主要设备有提升机、机器人自动码盘系统、环形穿梭车、高位货架及单伸堆垛机等。

2. 内包材料自动化立体库

内包材料自动化立体库负责将内包材料运送至入库输送线，主要的设备组成有驶入式货架系统、单伸堆垛机及出库机器人自动搬运系统（AGV 系统）。其中，AGV 系统可以自动把内包材料送到无菌灌装机指定位置，并将空托盘送回去。

3. 辅料自动输送系统

员工将辅料放置到自动搬运悬挂车后，由辅料运输系统将辅料准确地送到指定位置。

4. 计算机监控和管理系统

通过计算机监控和管理系统，实现成品的自动化入库、内包材料的自动化入库，以及辅料的全自动控制、监控和统一管理。

前面已经说过，蒙牛的高度自动化物流系统从前到后依次为生产区、入库区、储存区和出库区。

生产区：输送链在码垛前将盛有货物的纸箱提升至离地面 2 米处；码盘机器人按货架层间距的尺寸要求，将纸箱整齐地码放在下游输送带的托盘上。

入库区：入库区设有双工位、高速环行的穿梭车，用于分配入库口的入库货物。在上穿梭车之前，货物要先经过外形合格检测装置，如果没有通过检测，则由小车送到整形装置处重新整形后再入库；如果顺利通过检测，则由堆垛机自动放到计算机系统指定的货架上。

出库区：出库区设置了 20 个停车位，可以满足 20 辆运输车同时执行装卸任务。堆垛机自货架上取出装有货物的托盘，并将其送到库房外的环行穿梭车上；根据销售订单，滚筒式输送机将相应数量的货物送到运输车旁；环行穿梭车的某处设有货物分拆区，需要分拆的货物在此脱离穿梭车道，进行人工分拆。

如今，为了进一步实现转型升级，蒙牛采取供应商预约送货的方式，加强对供应商的管理，实现收货工作的计划与预知，并在此基础上进行物流安排，做好装车和运输计划。这样的做法有利于实现人力的共享和资源的合理分配，有利于提高车辆装载率和运输效率，节约运输成本，提高送货的准时程度。

如果将物流看作现代工业的发动机，那技术就是物流的引擎。因此，传统工厂要想跟上发展的潮流，就必须重视技术的引进和工具的使用，这也是避免让货物在“最后一千米”出现问题的关键手段，而且也可以进一步优化消费体验。

8.4 智能化工厂的优越性

任何国家都要强化技术与生产的结合，掌握实际应用上的经验，这样才能占据工业互联网的先机。例如，德国自从提出工业 4.0 的概念以后，便开始在“技术+生产”上下功夫，将其从愿景变为现实，向世界展现了生产的智能、灵活与高效。

目前，以技术为核心的智能化工厂在不断涌现，这些智能化工厂不仅效率高，还可以实现整个产品价值链的高效融合，这其中涉及原料、制造、销售、物流等多个环节。总而言之，对于制造企业和整个工业来说，智能化工厂极具优越性。

8.4.1 标准化生产线

在工厂中，标准化生产线已经成为一个重要组成部分，它以连续流水线为基础，工人不需要直接操作，所有设备都按照统一的节奏运转。要建立一条这样生产线，需要控制器、传感器、机器人和电机等配置。如今，为了迎合工业互联网的发展潮流，也为了提升生产效率和质量，各大工厂都在积极建立标准化生产线。

自共享单车热潮兴起以来，自行车生产就成为各企业竞争的业务。与摩拜单车、哈罗单车不同，小鸣单车的自行车由凯路仕全权负责生产，整个生产过程都是自动化、智能化的。凯路仕购置了一批自动化焊接机器人（见图 8-9），以推动生产变得高效、节能。

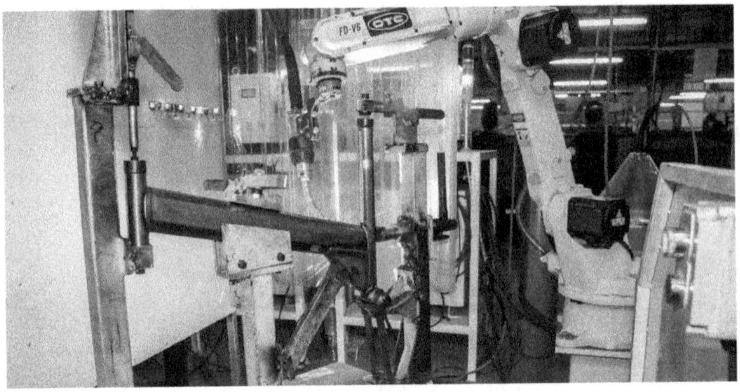

图 8-9　凯路仕的自动化焊接机器人

在使用焊接机器人并辅以原有组装线以后，凯路仕每天能帮助小鸣单车生产 1 万多辆自行车，如果加班加点甚至能超过 2 万辆。相关资料显示，小鸣单车已经在多个城市实现投放，凯路仕在其中扮演了重要角色。

凯路仕能实现产量提升的主要原因是用焊接机器人代替工人。相比于工人，焊接机器人可以在保证质量的同时加快生产速度，而且不需要休息，可以一直保持工作状态。在凯路仕的生产过程中，焊接机器人被分为两组，一组焊接车架，另一组焊接前叉，等全部焊接完毕以后再进入涂漆和组装等环节。

凯路仕有 120 台焊接机器人，每台焊接机器人每天可以焊接 300 多个车架，比工人的效率要高很多。但标准化生产线中也不能少了工人，他们需要把组件安装到模具上，让焊接机械人焊接，但这项工作比较简单、轻松。

对凯路仕来说，除了改进标准化生产线的需求，使用焊接机器人其实也是一个无奈之举，因为雇佣工人的费用越来越高。而建立标准化生产线，虽然初期需要大量的资金，但可以节省一大笔人力成本，从长远来看可以增加效益。

在凯路仕的标准化生产线上，全自动的运输带也是标配。通过运输带，已经焊接过的车架被送往涂漆、贴标、组装等环节，这样不仅便于工人操作，还可以将垂直空间全部利用起来，增加自行车的产量。

为小鸣单车生产自行车时，凯路仕对产量提出了更高的要求，车架、前叉等质量标准也非常严格。一般来说，焊接是最耗费时间和精力的环节，会对产量造成非常严重的影响，因此，凯路仕不惜花重金优化这一环节，提升这一环节的自动化和智能化水平。

共享单车与标准化生产线的结合，再加上 App 的大量普及，让凯路仕和小鸣单车都获得了更好的盈利。凯路仕认为共享单车不仅仅是融资风口，还是一个有广阔前景的生意，所以愿意为此出一份力，以身作则，推动工业互联网的发展。

随着标准化生产线的不断升级，工人的数量虽然会减少，但效率不会下降。例如，在华为的工厂中，生产线之间的传送都可以通过机器人完成，而且这些机器人全部由华为自行研发设计，质量上非常有保障。

在工业互联网的助力下，工人不再需要做一些简单和重复的工作，而是应该把重心放在处理难题、打通闭环上。总而言之，各大工厂都已经朝着工业互联网的方向迈进，未来的竞争核心将会变成人才、技术、资源的竞争。

8.4.2 智能物流

作为电商巨头，亚马逊聚集了世界上最丰富的产品种类，拥有先进的、立体化的物流系统。本节从配送中心、Kiva 智能机器人、自动优化拣货路线、随机存储和“身份证号”定位五个方面来介绍亚马逊的智能物流蓝图。该物流蓝图如图 8-10 所示。

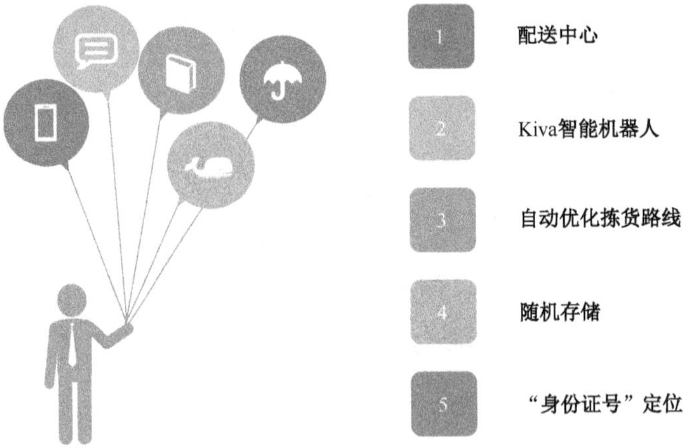

图 8-10　亚马逊的智能物流蓝图

1. 配送中心

亚马逊有 109 个配送中心，分布在世界各地，仅北美地区就有 74 个。配送中心的业务覆盖货物从出仓到分配的全过程，包括物流中心、再次分配中心、退货中心、专业设备中心和第三方物流外包设备中心等。在中国和日本，亚马逊分别设立了 15 个和 12 个配送中心；在欧洲，已有或在建的配送中心是 29 个。

这些配送中心像亚马逊的中继站一样，每天都有货物由此分散到各地，源源不断，又井然有序。配送中心是亚马逊超大物流体系的重要分支，通过这个分支，亚马逊实现了行业集中，简单来说就是把货物集中起来再分散出去，统一调配，集中处理。

配送中心除了收发亚马逊自家的货物外，还为第三方卖家提供物流仓储有偿服务。用户在电商平台购买货物后，亚马逊会及时处理订单，包装发货，再让第三方配送，并收取订单执行费，标准是每件货物 0.5 美元或每磅 0.4 美元。在亚马逊，第三方销售的产品量占总销量的三成，有近两百万的活跃卖家。

另外，在配送方面，亚马逊把业务全部外包，美国境内业务由美国邮政和 UPS（United Parcel Service，美国联合包裹运送服务公司）负责，国际部分由联邦快递和 CEVA（CEVA logistics，基华物流）等负责。

2. Kiva 智能机器人

亚马逊业务已经遍布世界绝大部分国家和地区，每天都有数量庞大的订单需要处理，还有很多货物需要接收或发送。作为一家世界级网上零售商，亚马逊拥有先进的物流体系，除了配送中心，亚马逊的智能机器人 Kiva 也发挥了重要作用。

亚马逊斥资 7.75 亿美元收购了自动化物流供应商 Kiva 的机器人的仓储业务，目前已经有超万台的 Kiva 智能机器人，它们是亚马逊仓库里忙碌的“员工”。

Kiva 智能机器人的外形像个大冰球，大约 320 磅，顶部的升降圆盘用来托起货物。该智能机器人有两种型号，一种是小型的，可以承载 1 000 磅的货物；另一种是大型的，可以承载 3 000 磅以上的货物。另外，Kiva 智能机器人的最快运行速度是每秒 1.3 米，充电 5 分钟可以工作 1 小时，每小时可以运行 30 英里（1 英里=1 609.344 米）。Kiva 智能机器人密集分布在亚马逊巨大的仓库里，主要工作是扫描地面的二维码追踪，根据无线指令把货物从货架或仓库搬运至员工处理区，这样既可以按最优路线最快行进，又不会彼此碰撞，协调有序。

之前，员工每天只能分拣扫描 100 件货物，现在可以扫描 300 件，并且准确率达到 99.99%。而且，如果 Kiva 智能机器人与 Robo-Stow 机械臂等共同合作，能够在半个小时内装卸一拖车的货物，这极大地提高了亚马逊物流体系的整体工作效率。

员工分拣扫描工作结束后，传送带把货物传送到流水线进行包装，系统会自动选择最适合货物的方式进行包装，然后传送到出货口，进入第三方快递运输车开启全国或全球之旅。Kiva 智能机器人的加入使亚马逊物流体系更加快捷高效，从而真正实现了“货找人、货位找人”的模式。

3. 自动优化拣货路线

亚马逊的数据算法可以为拣货员工设计最优的路线。员工手持扫描枪，系统会推荐他下一步要去哪个仓位，他只需要按提示往前走即可。而且系统可以保证完成这个过程后，员工所走的路线是最短的。据统计，在效率上，这种智慧性拣货模式比传统模式效率要提升 60%。

这一切都要归功于数据算法，它可以保证不会有很多员工挤在一起拿货物，通道畅通，效率最高。另外，在图书仓储方面，亚马逊采取的方法是穿插摆放，相似的图书尽量不放在同一位置。这样安排的好处是当有大批量的图书时，员工不会扎堆拣货，大家的任务比较平均。

4. 随机存储

随机存储，顾名思义，就是不按照常规顺序排列，将货物随机性地安排在货架上。不过，亚马逊的随机存储不是乱摆乱放，而是遵循了一定的原则，尤其是一些畅销品和非畅销品。这样可以为智慧性拣货提供方便，更有利于自动优化拣货路线。

系统 Bin 是随机存储原则的核心，它把货物、仓位和数量看成一个系统，只要有一个元素变动，其他元素也会随之发生变动。收货时，系统 Bin 认为订单和运货车是一起移动的两个不同货架；上架时，货物随机摆放，盘点同步完成；员工拣货时，Bin 系统指定仓位。系统 Bin 见缝插针式的存储模式让不同货物交叉摆放，这也是亚马逊物流体系的一大特色。

5. "身份证号"定位

在亚马逊庞大的配送中心里，后台数据系统就是通过特殊"身份证号"来识别库位和货位的。库位有编码，货位有二维码，这样大数据就可以准确定位，及时制订调度计划，平衡物流中心的仓储压力。

智能物流是促进亚马逊发展的重要动力，也是其他企业和工厂需要学习和借鉴的部分。在工业互联网背景下，智能物流不仅为“技术+先进制造”提供了现代化运输支撑，还可以优化供应链体系，打破不同运输环节之间的壁垒。

8.4.3 小批量/单品定制

现代工业的一个关键要素是定制化，顾名思义，定制化是指有针对性地为用户提供极具个性的产品。无论生产什么类型的产品，要想在新时代获得成功，都要先考虑这样一个问题：用户觉得有没有用？如果你觉得产品非常好，但用户不喜欢、不使用，那这个产品也只是在浪费时间、精力和金钱。

很多人说技术的出现颠覆了人们的生活，不仅颠覆了传统的零售业、金融业的商业模式，甚至还颠覆了吃饭、出行、看电影等休闲娱乐方式。技术之所以能呈现出如此强大的能力，正是因为它被不断融入传统行业中，并对其进行改造。

之前，规模化的生产方式非常受欢迎，因为它大大提高了生产效率，很大程度上刺激了各国经济的发展。但是，随着社会生产力的不断提高，人们需求的不断变化，怎样进行多个品种的小批量、定制化生产成为新时代的热点。

目前大部分行业所提供的产品都已经饱和，开始由卖方市场进入买方市场。但经济的发展并没有带来创新能力的大幅度增长，这有两个方面的原因：一是市场中充斥着大量的山寨品；二是产品性能、功效等方面相似性太高。

山寨品盛行，导致了严重的同质化竞争。以手机为例，苹果公司开启了刘海屏与竖置双摄像的时代，即便这种造型被用户各种“吐槽”，但众多手机品牌依然愿意模仿。就外观而言，目前市面上的手机基本都差不多，很少会有独特之处。

尤其在工业互联网时代，信息变得更加透明，传播也更加迅速、广泛，用户在购物时已经不单单是货比三家，而是货比三百家、三千家。因此，企业必须思考自身的情况，看看自己是否陷入了同质化竞争。如果是，那就应该采取小批量、定制化的生产策略。

丰田以生产成本低、产品质量高的优势增加自己的市场竞争力，适应了时代的潮流，为日本汽车制造业的奋起加足马力。直到现在，小批量、定制化生产仍然是丰田引以为傲的亮点，这个亮点不仅体现在为用户设计专属汽车上，还体现在汽车零部件的个性化定制上。

如今，德国的很多企业能够掌握一些汽车零部件在整个市场上的供需动态，从而减少车间与车间、工厂与工厂之间不必要的仓储费用。其实这些企业的最大创新之处在于运用工业互联网的基本原理，实现汽车零部件生产的个性化，这也是贴近用户需求的做法。

每个用户都想拥有自己独一无二的产品，哪怕只是某个功能有特色。虽然现在还没有实现真正意义上的完全定制，但是大部分企业都正在朝着这个方向努力。

因为每个产品的成本和质量都不同，很难一概而论，所以我们还无法知道工业互联网背景下的小批量、定制化生产究竟能带来多大程度的成本下降和质量提升。不过可以肯定的是，能够根据市场的变化形势来调整生产方案，对于企业和工厂来说，这种无时差、无地域的直接反馈性调整有利于转型升级的尽快实现。

·第 9 章·

工业互联网与智慧电厂

随着电力转型发展与市场化改革的需要，如何实现清洁、高效、安全、自动发电是当下的研究重点。依托工业互联网、人工智能、大数据分析等技术的快速升级，传统电厂的智能化进程进一步加快，智慧电厂开始登上历史舞台，并发挥着越来越重要的作用。

9.1 如何才被称为一座智慧电厂

一提到智慧电厂，很多人首先想到的是虚拟电厂，但是真正的智慧电厂远不止这么简单。那么，智慧电厂包含什么？怎样才可以称得上真正的智慧电厂？

融合先进技术形成的智慧电厂，设备更可靠，发电更高效，管理更科学，发展更持续，经济效益和社会效益更明显。如今，随着理念的更新及工业互联网的普及，智慧电厂也在不断变化，整个行业都展现出一片欣欣向荣的景象。

9.1.1 智慧电厂概述

从定义上讲，智慧电厂以发电过程智能化为基础，包括智慧发电和经营业务等。智慧电厂从对社会服务的功能和贡献效益的最大化出发，在充分利用能源和资源的同时，承担更多的社会服务功能。

在信息化、数字化、网络化、大数据基础上，智慧电厂将云平台、物联网、移动互联网、机器人、VR、AR、人工智能等先进技术与传统电力安全生产、运营管控有机融合，构建覆盖全层级、全业务、全过程的智慧管控平台。该平台可以精确感知生产数据，优化生产过程，从而科学地制订生产计划，是实现高效节能、绿色环保、环境整治的重要武器。

1. 建设智慧电厂的好处

首先，在管理价值方面，可以实现运行、设备、安全、经营等环节的规范化管理，可以将工人的工作效率提升 40%以上。此外，一体化的管控和部门协作可以降低沟通成本，优化沟通效果。

其次，在智能安全管理方面，通过智能安全系统识可以别安全风险，杜绝安全事故发生；通过区域授权、区域安全风险智能提醒等功能营造安全环境；通过违章识别、区域授权、实时监控、风险识别等功能杜绝工人的不安全行为。

最后，在设备管理方面，可以提升设备可靠性，以延长设备检修周期，缩短设备故障处理周期；降低备件、材料库存成本；提高锅炉效率，以节省燃料成本；减少吹灰，以降低爆管概率；降低还原剂成本，以减轻环保压力；控制风机电耗。

2. 如何建设智慧电厂

智慧电厂建设以三维建模、“互联网+”、大数据、工人定位为核心，集 DCS（Distributed Control System，集散控制系统）、SIS（Strategic InformationSystem，

战略信息系统）、MIS（Management Information Systems，管理信息系统）、在线仿真和智慧管控于一体，通过一体化云平台覆盖全部业务管理，利用信息化手段连通各项职能，实现生产、经营等全部业务的一站式、一体化信息支撑。

在智慧化层，智慧电厂建设需要汇集生产和管理信息，进行业务诊断、数据挖掘、知识发现及可视化等多种服务，实现智慧管理与辅助决策。在智能化层，与生产管理体系有机结合，利用“互联网+”、物联网、虚拟三维等技术，实现生产管理集约化、安全风险可控化、运行决策智能化。在信息化层，通过生产经营信息管理平台，实现安全生产管理的信息集中与业务管理，全面构建生产经营管理体系。

从最初的自动化电厂到如今的智慧电厂，很多变化在悄然发生，例如，发电设备更可靠、生产更安全、技术更先进、系统更合理、管理更柔性、发展更持续、经济效益更丰厚。未来，随着管理理念的更新及技术的升级，智慧电厂所呈现的形式与内容还会不断优化。

在新的时代背景下，智慧电厂需要与其他产业融合延伸，形成循环经济，提高能源和资源的利用率，承担更多保护环境和服务社会的职能。这样不仅可以让智慧电厂有资本参与市场经济，也符合生态环境建设和经济社会发展的要求。

9.1.2 我国电厂智能化建设现状

党的十九大报告指出，积极推动互联网、大数据、人工智能和实体经济的深度融合。这里的实体经济就包括电厂。

《能源发展“十三五”规划》中指出：“将“高效智能、着力优化能源系统”作为第一任务；要求构建多能互补、供需协调的智慧能源系统。”《电力发展“十三五”规划》中要求：“提升电源侧智能化水平，加强传统能源和新能源发电的厂站级智能化建设。"《国务院关于积极推进"互联网+"行动的指导意见》中要求："建设"互联网+"智慧能源，推进能源生产和消费智能化。"国务院印发的《新一代人工智能发展规划》指出"推广智能工厂，加强智能工厂关键技术和体系方法的应用示范，重点推广生产线重构与动态智能调度、生产装备智能物联和云化数据采集、多维人机协同与互操作系统，鼓励引导企业建设工厂大数据系统、网络化分布式生产设施，引导生产设备网络化、生产数据可视化、生产过程透明化和生产现场无人化。"

我国目前针对电机组智能优化运行的研究，包括机组主要部件（如汽轮机、锅炉及主要辅机），以及系统的智能运行优化，还没有形成电机组整体智能化方案及相应的技术规范，也没有完全落地的实施示范工程。

如今，华能、华电、国能、国家电投等集团正在开展智慧电厂方面的研究，而且其中的一些研究已经落实到应用试点。例如，大唐、京能等集团所属的少数电厂就实现了部分智能化应用，将自身发展引入新常态。

在智能化建设过程中，每一个电厂都需要改变粗放型管理模式，培育新的成长优势，不断加强管控力度，提高自己的管理水平和核心竞争力。此外，就我国电厂智能化建设现状而言，技术支撑的重要性也不能忽视。

所谓技术支撑，主要包括以下十项内容，即超临界 APS 机组自启停控制技术、基于大数据的运行优化平台、基于智能监控的电气监视平台、基于三维可视化的研究及应用、基于视频监控平台的火灾预警系统、基于无人值守的机器人、基于图像识别的缺陷识别系统、基于"互联网+"的生产管理系统、基于在线作业的智能机器装置和基于 AR 的生产指导系统。

随着电力体制改革的大力实施，智能化建设已经成为各大电厂发展的必经之路。在节能、降耗、减排等政策驱动下，以及智慧运行管理、智慧检修安全、智慧新能源发电等举措的助力下，电厂的综合竞争优势将有很大提升，这有利于推动其自身的持续发展。

目前，我国电厂在智能生产和优化控制等方面的研究比较少，重点关注的是单一设备和局部系统的智能化改造升级。也就是说，我国电厂并没有从整体上解决发电过程的智能化，距离实现真正的智能发电还有很长的路要走。

对传统的电厂来说，发电就是主业，只要把主业做好就可以万事大吉。但是对现代电厂来说，经营压力越来越大，稍微不小心就会被时代抛弃，所以必须努力适应社会的要求。电厂进行智能化建设的目的是，优化能源结构，增加可再生能源比例，促进能源清洁，高效利用，提升能源综合效率，推动产业升级，这些可以为我国带来新的经济增长点。

在进行智能化建设时，安全、高效、清洁、环保是核心，结合电厂实际情况是关键，解决疑难问题是导向，提高电厂的效率和效益是目标。在这种战略的带领下，电厂可以与环境友好相处，我国的经济可以进一步发展，人们的生活可以更美好。

9.2 工业互联网在电厂运行中的体现

现在，工业互联网已经为不同行业、不同领域提供了太多帮助。传统电厂虽然资金比较密集，但是运营上相对独立和封闭。面对工业互联网发展的大潮，传统的电厂必须利用自身优势谋求发展，提高生产效益，实现向智慧电厂的转型升级。

工业互联网在智慧电厂中的运行主要体现在三个方面，即设备能源消耗监控与管理系统、设备状态检修/维护系统、故障预报警系统。对于智慧电厂来说，这三个方面有不同的作用，提供的功能也有很大差异。

9.2.1 电厂设备能源消耗监控与管理系统

能源消耗监控与管理系统借助大数据技术，通过采集、分析、评估等手段对相关数据进行深入挖掘。这样不仅可以帮助电厂了解自己的能源使用情况，还可以使电厂找到节约能源、控制整体成本、提升效益的方法。

能源消耗监控与管理系统往往使用开放式结构，具有较强的安全性、可靠性和易扩展性。引入该系统以后，电厂可以详细掌握每个设备的能源消耗水平，一旦发现能源消耗比较大的设备，便第一时间对其进行调整和优化。

此外，能源消耗监控与管理系统可以为电厂提供各类能源消耗数据，并以报表、曲线或者图形的方式展现，而且还支持电厂通过自定义指标对能源消耗的趋势进行预测和分析。

通过能源消耗监控与管理系统，电厂可以建立长效的能源节约机制，实现降本增效的目的。与此同时，自动化的实时监控及状态异常警告，有利于充分保证能源供应的可靠、安全、清洁。对空调、电灯和电梯等设备的能源消耗进行监控，可以优化电厂的运行方式，减少因运行设备闲置而造成的浪费。

在能源消耗监控与管理系统的助力下，电厂实现了远程无人值守，相关人员通过计算机便可以充分了解所有设备的生产和运行情况。当然，相关人员还可以对设备进行完全自动控制，从而提高现场的安全水平，避免出现不必要的风险。

9.2.2 设备状态检修/维护系统

设备状态检修/维护系统整合了图像识别、传感器和导航定位等技术，实现了对设备的自主检修和维护。从结构上看，设备状态检修/维护系统主要由数据库、服务器、移动智能终端等组成，可以随时随地处理数据和交换信息。

设备状态检修/维护系统可以与多种形式的移动智能终端连接，例如，手机、计算机、机器人等。以机器人为例，在电厂中，机器人可以对放置在平坦地带的设备进行监测，通过采集到的数据分析设备状态，例如，是否需要检修或者维护、什么时候应该做保养等。

为了保证数据的有效性、安全性，以及对设备状态进行精准分析，设备状态检修/维护系统还具有自动备份数据的功能。随着技术的不断升级，该系统还衍生出很多其他的功能，例如，设备参数自动识别、异常数据实时归档、数据加密传输等。

如今，借助三维空间定位，设备上的信息已经实现可视化，相关人员的操作界面也得到进一步延伸。除此以外，基于 Wi-Fi、无线射频识别等技术，再结合移动智能终端，电厂可以掌握设备的缺陷，并在第一时间提出科学的解决方案。

借助设备与相关人员的定位，智能安防成为现实，这不仅有利于提升电厂的安全性，还能够有效避免相关人员的伤亡。总之，设备状态检修/维护系统在电厂中的作用不可小觑，其为电厂所带来的优势是非常值得期待的。

9.2.3 故障预报警系统

目前，大多数电厂使用的都是绝对值报警，即当设备的运行参数超过绝对值时，触发报警装置。因此，这些电厂很难及时发现设备的故障，并采取相应措施，这大大增加了因为产生故障而导致设备被迫停止运行的概率。

通过故障预报警系统采集相关信息，被动检修变为主动检修，设备的正常运行也能够得到充分保证，进而避免设备故障对电厂产生太大影响。此外，故障预报警系统还可以帮助电厂节约生产成本，提高电厂的市场竞争力。

为了迎合时代的需求，电厂应该尽快建立设备远程在线实时综合数据处理平台、设备诊断和故障预报警中心。一方面，这有利于电厂积累更多设备上的数据和信息；另一方面，可以为远程故障诊断及故障实时预报警的实现奠定基础。

利用AR/VR互动平台，跨地域的专家共享与数据共享可以顺利实现，例如，专家可以在AR/VR互动平台上为设备的故障提供解决方案，而且根本不需要深入现场。此外，借助数据挖掘、风险预测等手段，电厂还可以对设备进行自动管理与控制，从而在短时间内迅速完成智能化转型升级。

9.3 智慧化下的电厂运营场景

众所周知，高效利用能源是提高经济效益与优化环境保护的利器，然而，克服重重壁垒实现高效的能源管理却不是那么轻松的。技术的发展赋予了电厂无数可能，使其变得智慧化。那么，智慧化下的电厂运营场景是什么样的？首先是基于监控的实时校正、优化，其次是机器的引入使人力成本大大降低。

9.3.1 实时校正、优化

智慧化下的电厂运营场景之一是实时校正、优化，其关键在于监控，这里所说的监控是自动且不停歇的。那么，电厂是如何通过监控实现实时校正、优化的呢？如图9-1所示。

1. 全面监控

电厂中各个环节相互配合才可以创造真正的价值，同时，智能型的实时监控可以对电厂这个复杂的混合体进行全方位掌握。当然，监控的难易程度存在区别，例如，一般电厂和高端电厂对监控的要求就不一样，但相同点是都要全面监控，加强可视化，对信息也要监控。

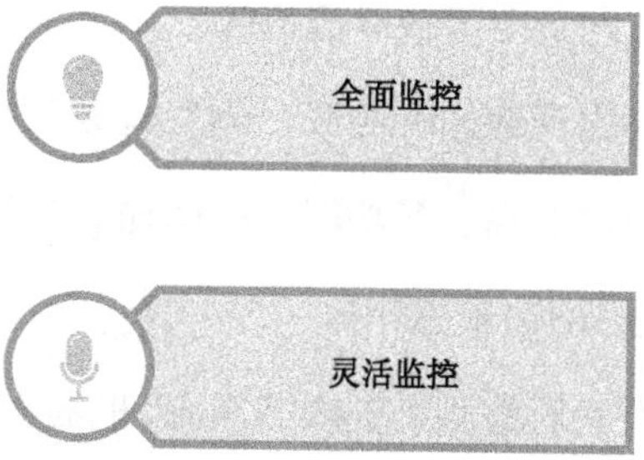

图 9-1 监控下的实时校正、优化

2. 灵活监控

电厂对设备的要求比较高，监控也处在动态波动中，只有灵活监控才能适应实际变化。

传统监控有什么弊端？设备之间相对独立，很难及时获得准确的信息；出现故障、停止运作等问题时不能及时反馈；相关人员管理成本高。但在智慧电厂里，嵌入式视频服务器可以对画面中的人或物进行识别、判断和处理，并在某些特定条件下发出警报。

利用信息化技术，通过先进的监控手段对发电过程进行多维度管理，即使部分环节出现问题也可以立即处理，而不需要全面关停设备，这样既能保证工作效率，又不耽误发电，一举两得。

智慧电厂在监控方面的优势非常明显，特别是引入工业互联网、大数据分析等技术以后，不仅可以突破传统发电和设备检修/维护的弊端，还可以学习和借鉴国外大型智能电厂的经验，在自动化时代到来之际，韬光养晦，厚积薄发。

9.3.2 人力成本大大降低

为了加强管理，实现高效发电，电厂需要对设备进行 360 度无死角的检测。

如果专门聘请相关人员负责这项工作，不仅需要花费巨额的成本，还很可能出现安全事故，而电厂也需要为安全事故承担责任。

在智慧电厂中就不会出现这样的情况，因为检测工作都是由机器人完成的。机器人具有灵活度高、自由度高、多功能、多用途、高效率等特点，而且一旦购入，电厂只需要支付检修及维护的费用。

智慧电厂中的某些设备对检测的要求非常高，机器人可以配合超声波扫描仪，对其进行从上到下、从里到外的无损探伤检测，而且扫描密度均匀、精细。另外，在视觉检测方面，机器人同样具有出色表现。具体来说，将机器人作为辅助设备带入被检测设备中，成为自动化检测的一部分，可以充分提升检测的精确度。

除了检测以外，机器人还可以承担其他工作，这不仅降低了智慧电厂的人力成本，还提高了智慧电厂的发电效率。更重要的是，智慧电厂的自动化水平也因此获得了很大提高，而这也将为中国的电力事业带来更多新机遇。

· 第 10 章 ·

工业互联网推动下的医疗领域变化

工业互联网看似只与生活场景或制造场景有关，其实和医疗领域也有千丝万缕的联系，包括优化医院资产管理、提升临床数据分析水平等。借助工业互联网，医疗领域将更好地实现医院与患者之间的深入交流，从而形成一个新的感知、反馈及干预系统。这不仅仅是技术的进步，更是整个医疗领域，包括医院管理体制的进步。

10.1 优化医院资产管理

在医疗领域，工业互联网的首要作用是优化医院资产管理。通过工业互联网，医院可以对设备进行信息化管理，建立完善的信息化管理机制。这样不仅提高了设备信息的查询效率，还使各科室及时掌握设备的使用及保养状况，从而为设备管理工作提供依据。

10.1.1 设备采买、报修全程数据化

之前，由于医院缺乏对资产管理工作的重视，所以设备的采买、报修比较低效，经营和治疗水平也受到了很大影响。为了改变这种情况，很多医院开始引入基于工业互联网的设备管理系统。通过成熟的条码技术，设备管理系统可以对设备的全生命周期进行科学管理，以促进医院管理工作的制度化、规范化，保证各项业务的顺利开展。

在医院里，设备管理系统可以发挥以下四个功能，如图 10-1 所示。

图 10-1　设备管理系统的功能

1. 基础管理

基础管理是指通过对相关数据进行归档、分析，实现对设备采买、入库、出库、退库、进账审核、转让、报修、调拨登记等情况的全程跟踪管理。借助设备管理系统，医院可以随时查询相关数据，也可以掌握设备的状态。

2. 低值易耗设备管理

设备管理系统可以对低值易耗设备和卫生材料的采买、入库、清领、盘点、

报修等工作进行严格监督，并在有关人员审核之后，自动完成查询和统计，并打印报表。此外，医院可以通过电脑、手机、iPad 等装置迅速获取低值易耗设备的信息，一旦发现短缺、损坏等现象，就能够在第一时间进行采买和维修。

3. 故障统计管理

记录设备故障也是设备管理系统的工作，即根据已经发生的故障记录，综合分析各类信息和数据，找到故障的原因，并在此基础上提出解决方案。在设备管理系统的助力下，整个过程都是自动化、智能化的，而且效率非常高，也不易出错。

4. 系统维护

设备管理系统是一个标准结构平台，不仅操作起来非常方便，还具有很强的安全性和可扩展性。而且，参数化的设计模式具有数据整合、数据备份、索引重建、备份恢复等功能，从而使医院的设备更可靠、更高效。

工业互联网为医院带去了福利，设备管理系统也发挥了作用。首先，减少了人工操作导致的误差，使设备管理趋于数据化、自动化。其次，设备的状态被实时监控，采买和报修的效率有了大幅度提高。最后，节省了医院的设备成本，优化了医院的运营效果。

10.1.2 设备自主预警，减少维修费用

在设备的全生命周期管理中，维护是非常关键的一个环节。著名政治家本杰明·富兰克林曾经说过：“百分补救，远不如一分预警。”所以对设备进行维护的前提就是做好预警工作。通过工业互联网，医院的设备可以实现自主预警，这不仅可以防止宕机情况的出现，还可以节省一部分维修费用，降低整体成本。

引入自主预警的设备以后，维修人员只需要对设备的运行状况进行远程实时

监控和操作即可，而不需要像之前那样承担较多的体力劳动。工业互联网时代，设备的全生命周期管理正在走向智能化、自动化，而实现智能化、自动化则主要依托于实时准确的数据采集，以及物联网、人工智能、云计算、5G 等先进技术。

对医院来说，设备自主预警就意味着巡检和维修的全部工作都可以被远程控制，从而实现整个过程的实时同步，同时也可以使整个过程变得可视化、规范化、智能化。此外，当设备出现问题或者故障时，医院方面也可以及时发现，并制定相应的措施，消除各种不必要的安全隐患。

通过智能分析设备运行的数据，对设备的使用寿命进行统计，对异常设备和接近使用寿命的设备进行预警，真正减少设备故障对医疗工作的影响。此举有利于改善设备的维修现状，即由经验性维修转向预警性维修。

随着工业互联网的普及，医院的设备管理将进入崭新的阶段。可以说，借助工业互联网，医院能够实现设备的闭环管理，让设备在诊断、治疗的过程中保持良好状态，最大限度地发挥作用和效能，从而达到节省成本、创造丰厚盈利的目的。

10.2 优化医院日常运营管理

随着技术的不断升级，时代变得更有活力，医院日常运营管理也是如虎添翼。之前，互联网、移动互联网是医院的重要帮手，而现在不仅有了小程序和各类 App，还出现了工业互联网，这使得患者在就医过程中倍感方便。

虽然技术、时代都在变化，但是人们对健康的追求却始终如一，因此，医院应抓住这些要点，在成本结构、人才引进、效率提升上下工夫，这样才能够优化日常运营管理，同时还可以减少不必要的投入和浪费。

在日常运营管理方面，工业互联网可以发挥重要作用。首先，大幅度提升设备的使用效率，使患者不必等待太长时间。其次，针对患者的实际情况，为其提供个性化医疗服务。当然，这一切都是从患者的利益出发，保证患者的疾病可以及时得到治疗。

10.2.1 提升设备使用效率，减少患者等待时间

长久以来，看病都是一件比较麻烦的事情，无论是挂号、诊断，还是检查，几乎很少会有不排队的时候。这种情况不仅让医院感到烦恼，也会使患者产生强烈的不满情绪。如今，分散在各个科室的设备没有得到有效管理，更是延长了患者的等待时间，白白浪费了资源。

未来，医疗科技变得触手可及，可以深入到各个领域，例如，家庭预防、精准治疗等。在互联网和大数据的驱动下，医疗的可及性也将大幅度提升；即医院摆脱地域限制，医疗资源储备更丰富，看病难问题将得到有效解决。

这样的情景不是只存在于想象中，而是已经被 GE 医疗智能响应中心（以下简称 GE 医疗）变为现实。GE 医疗率先把工业互联网引入医疗领域，完成了与医院中数千台设备的在线连接。通过采集和分析大量的数据，GE 医疗的工程师可以对这些设备进行实时监测、故障预警、远程维修等，同时还可以提供设备使用资讯和管理智能化的创新服务。

现在，GE 医疗已经将工业互联网应用于国内的多家医院，使看病效率得到了很大提升，下面以上海知名三甲医院仁济医院为例进行说明。

在上海，每天来仁济医院看病的患者特别多，这些患者甚至可以把门诊大厅挤得满满当当，排队现象更是屡见不鲜。然而，仁济医院的设备看似非常充足，

却没有被充分利用起来。例如，CT 设备分散在门诊、急诊、内科、外科等不同科室，其实际使用情况、维修情况、使用效率和运行状态很难被全面掌握。

于是，仁济医院与 GE 医疗达成深度合作，开始使用 GE 医疗的产品——Asset Plus。通过对仁济医院的设备进行远程观察、调控和分流，Asset Plus 不仅可以降低设备的高负荷运行时间，还可以把排队的病患引导至闲置设备。这样一方面提高了设备的使用效率，避免了宕机情况，另一方面减少了患者的等待时间。

为了使设备的各项信息可以一目了然，Asset Plus 还会自动生成详细的同类设备当月使用效率分析表。假设内科的设备使用次数远低于急诊，那么仁济医院就可以根据同类设备当月使用效率分析表对设备、人流进行相应调整。

以前，患者到仁济医院进行身体检查可能要等待 6 ~ 8 周才能拿到检查结果，经过调整后只需要几天就可以。对于 GE 医疗来说，工业互联网不仅可以为医院创造价值，还可以帮助患者获得更好的看病体验，驱动智慧医疗的实现。

10.2.2 实现对患者个性化医疗服务

工业互联网在医疗领域的应用不仅会推动智能医疗设备的发展，还有助于实现信息的实时接收，使患者的就医变得更加便利和快捷。

远程医疗传感器是智能医疗设备的代表，患者将其佩戴在身上，就可以把数据传递给医生，接收这些数据以后，医生就能分析患者的病情，并制定相应的治疗方案。通过这样的医疗服务，就医流程被进一步简化，患者和医生之间的交流也更加简单和有效。

此外，在工业互联网的助力下，人工智能辅助诊断也成为可能。人工智能系统往往拥有强大的认知功能，可以在阅读大量医学文献的基础上帮助医生分析数据，制定个性化的治疗方案。就目前情况来看，因为人工智能辅助诊断既高效，又精准，所以诸多互联网巨头纷纷入局，Google（谷歌公司）就是一个典型的案例。

Google 成功地将自主研发的机器学习技术应用到了医疗领域，借助这项技术，Google 能够从数以万计的患者身上获取相关数据。同时，Google 设置了名为 AI-first 的数据中心，该数据中心有着强大的数据处理能力。

在这个数据中心，Google 可以高效处理海量的数据。通过精确的智能分析，医生可以从这些数据中发现病因，为患者提供个性化服务。如今，借助机器学习技术和数据中心，Google 在糖尿病性视网膜病变的诊断上取得了成功，使诊断的准确率达到了 90%以上。

在人工智能辅助诊断方面，比较典型的企业还有 Buoy Health。Buoy Health 有一项很成功的应用，这项应用既能帮助医生，为医生提供更多的辅助资料，又能帮助患者，让患者能够以最快的速度了解自己的症状，并以最适宜的方式解决自己的问题。

Buoy Health 推出了医学引擎，医生能够通过这个医学引擎查到大量的临床文献和治疗方案，同时还可以获取患者的样本数据。患者可以通过这个医学引擎在细分病症中迅速找到自己的病症，然后选择治疗病症的有效方法，或者了解到与此病症相关的其他问题。

总而言之，Buoy Health 的医学引擎既能够帮助医生提高效率，又可以丰富患者的医学知识，对二者都是极其有利的。

在未来的智慧医疗中，人工智能辅助诊断将会获得良好发展。科研机构应该与医院达成合作，共同研发出更加智能、更加高效的人工智能系统，以辅助医生进行诊断，进而使患者真正享受优质、个性化的医疗服务。

10.3 提升临床数据分析水平

目前，我国对临床数据进行规范化、精准化分析的经验正在不断积累中，并且开始引入并参考一系列国际标准。然而，临床数据不一致、各医院临床数据没能实现集成共享等问题依然突出。只有高质量、大规模、结构化的临床数据才会对科研产生积极影响，才会使患者、医院真正受惠。通过工业互联网，电子病历背后的研究价值被进一步挖掘出来，可穿戴设备获得了良好发展，国内的临床数据分析水平有了大幅度提高。

10.3.1 电子病历背后的研究价值

对当前医院的情况进行仔细分析可以发现，传统电子病历在临床中的使用存在诸多问题，主要包括以下几个，如图 10-2 所示。

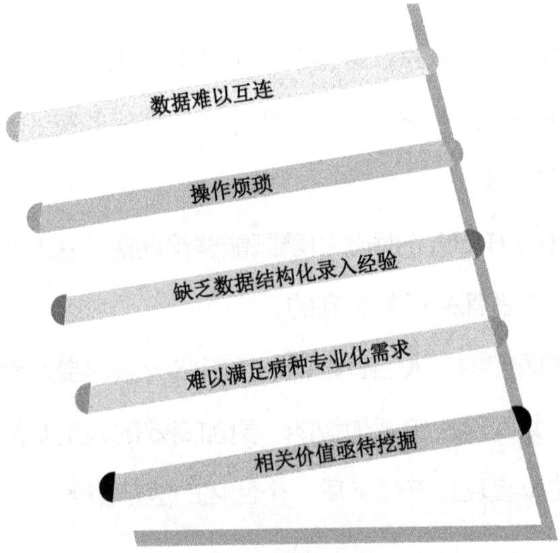

图 10-2 传统电子病历存在的问题

（1）数据难以互连。通常来讲，数据的互连主要包括两个方面；一方面是政府级的区域共享平台，其任务是采集相关数据，促进医院之间的互连；另一方面是医院内部电子病历与其他系统的结合。无论是哪一个方面，要想为数据的互连提供安全保障，就必须使用更加先进的技术。

（2）操作烦琐。因为电子病历操作起来既复杂又烦琐，所以医生在录入数据的过程中经常会感到疲倦，从而对录入数据的完整性和真实性产生严重影响。

（3）缺乏数据结构化录入经验。医生之前都是通过文字的形式将病历记录下来，所以在使用电子病历的时候，难免会缺乏数据结构化录入的经验。在这种情况下，如何对存量数据进行结构化处理就成为一个亟待解决的难题。

（4）难以满足病种专业化需求。在满足病种专业化需求方面，传统电子病历存在较大缺陷。医生对临床数据提出的个性化需求，传统电子病历更是无法满足。

（5）相关价值亟待挖掘。新手医生因为缺乏实践经验而经常出现误诊、漏诊的情况，严重的还有可能造成医疗事故。然而，因为电子病历所具备的巨大价值还没有被充分挖掘出来，再加上老医生大多比较忙碌，就导致新手医生很难获得先进的诊疗经验。

对于上述问题，工业互联网可以给出合适的解决方案，以山西省大同市第三人民医院为例加以说明。2018 年 12 月，大同市第三人民医院开始对电子病历实施语音识别及录入，并利用“技术+医疗”提升医疗服务质量。

通过先进的语音识别系统，医生的每一段语音都可以迅速转换为文字。例如，在录入电子病历时，医生只要对着手机说肺源性心脏病、冠状动脉硬化性心脏病、慢性粒细胞白血病等，手机便可以将其准确无误地转换为文字。此外，语音识别系统还不会受到环境、语调和方言等因素的影响，而且因为其准确率特别高，所以非常受医生的欢迎。

填写电子病历已经占据了医生的很多时间，尤其是对于外科医生来说，完成一台手术已经非常辛苦，如果再立刻填写电子病历的话将会“累上加累”。语音识别系统在医院的广泛应用，让这一切都更加轻松——填写电子病历变成口述电子病历，打字变成说话。

当电子病历有了语音识别系统的支持以后，医生的工作效率有了大幅度提升，其所承受的压力也比之前小了很多。因此，医生可以把更多的精力放在诊断和治疗上，以帮助患者早日摆脱疾病，甚至还可以一边查房一边将患者的情况记录到手机上。

在大同市第三人民医院内，基本上所有医生都已经使用语音识别系统去完成电子病历相关工作。此举不仅改变了医生的工作方式，降低了医生的工作强度，还使患者可以有更多的时间与医生沟通，从而充分了解自己的病情。

大同市第三人民医院在改善医疗服务方面做出了一定的成绩，这也为其他医院提供了借鉴。首先，加强技术能力，利用“语音识别系统+电子病历”提升管理水平。其次，简化就医流程，使患者得到更加及时的治疗。最后，大力发展智慧医疗，推动整个领域的转型升级。

10.3.2 可穿戴设备对慢性病研究的积极意义

2018 年，国务院办公厅发布了《关于促进“互联网+医疗健康”发展的意见》（以下简称《意见》）。《意见》明确指出：“加强临床、科研数据整合共享和应用，支持研发医疗健康相关的人工智能技术、医用机器人、大型医疗设备、应急救援医疗设备、生物三维打印技术和可穿戴设备等。”

无独有偶，国药器械（中国医药集团旗下的合资企业）转变身份，积极入局临床医疗器械和可穿戴设备这两大领域。目前，这两大领域是智慧医疗的重要推动力，发展潜力巨大，应用前景也非常广阔。

可见，无论是国家层面，还是企业层面，可穿戴设备都被提上了日程，而且正在为医疗领域发展带去不可忽视的助力。从目前的市场来看，慢性病患者将成为可穿戴设备的目标群体，主要有以下几个方面的原因。

（1）慢性病患者数量较多。如今，癌症、心脏病、糖尿病和高血压等慢性病患者数量在不断增多，死亡率也在逐渐增加。可穿戴设备作为管理健康的工具，不仅可以让这些慢性病患者提前知晓自己的情况，还可以帮助医院切实解决预治疗问题。

（2）初步的消费认知和习惯已经形成。在可穿戴设备还没有出现之前，血压计、血糖仪等设备就得到了广泛应用。从本质上来看，可穿戴设备是血压计、血糖仪等设备的升级版，例如，可穿戴设备可以以电子纹身方式与慢性病患者身体无缝融合，再借助手机呈现最终的结果。

（3）慢性病患者黏性较强。对于医疗方面的设备，慢性病患者的需求是数据的准确性和结果的可信性，而不是外观的时尚娱乐性。一旦购买了设备，并且设备的功能符合要求，慢性病患者很少会因为失去新鲜感就将其遗弃或放置不用。

在医疗领域，尤其是慢性病治疗领域，可穿戴设备有很大的发展空间，因为它可以降低医疗成本。众所周知，慢性病患者要想控制病情，除了需要经常复查以外，还少不了长期服用药物，所以他们不得不付出时间和金钱上的成本。以糖尿病为例，相关资料显示，我国糖尿病患者正在逐年增多，这已经成为一个重大的公共卫生问题。在解决这个问题的过程中，可穿戴设备作为科技时代下的产物，同时也是医疗领域的新工具，能够发挥非常重要的作用。

例如，借助远程医疗技术和可穿戴设备，身处偏远地区的糖尿病患者可以及时获取医疗信息，并得到有效治疗。在这种情况下，糖尿病患者不需要频繁往返于家和医院两地，可以节省一大笔路费。此外，糖尿病患者还可以通过可穿戴设备与医生保持联系，以便更好地遵照医嘱服用药物，这不仅有利于防止病情恶化，还有利于大幅度减少医疗费用。

面对慢性病患者的需求和呼吁，企业需要多关注可穿戴设备，最好是锁定一个功能对其进行研发，这可以降低技术、资金等方面的成本，还有利于迅速打开市场。在科技时代，企业要做的是让可穿戴设备变得更智能化、更高性能、更人性化，随着物物相连的大范围实现，这样的想法将很快成为现实。

·第 11 章·

工业互联网对交通领域的改变

工业互联网在交通领域的应用将使交通设备成为数据终端，这不仅有利于实现对交通形势的预判与及时调度，还可以让交通事故的调查、处理变得更加便捷。此外，借助工业互联网和先进技术，智能交通将变成现实，拥堵、停车难等问题也可以得到有效解决。

11.1 每一个交通设备都成为数据终端

如今，每一位交通参与者的每一个行为都会以数据的形式展示出来。在这种情况下，交通领域的数据来源就变得十分广泛，例如，高德地图等 App 提供的数据、公共交通卡提供的数据、道路监控系统提供的数据等。

数据的开发和利用正在释放数字红利，交通设备也在悄然发生改变。在工业互联网的助力下，交通设备将成为数据终端，对一些重要的数据进行记录和储存。与此同时，交通设备也是数据提供者，可以为交通领域带去巨大价值。

11.1.1 设备状况及时了解与维护

工业互联网在交通领域的应用，以及与区块链、物联网等技术的结合，有利于建立智慧交通系统，从而有效解决交通问题。例如，在存储方面，区块链的去中心化特征比较具有优势，不仅可以保证数据的安全、透明，还可以实现对交通设备的及时了解。

2019 年，HashCoin 研发出先进的车辆登记系统，该系统为车辆提供了自动化认证，对车辆的安全与追踪数据也可以全部记录，避免了数据造假的可能。此外，在工业互联网的基础上，该系统还尝试把 5G 与区块链结合起来以实现车辆认证管理的自动化，以及车辆数据（包括所有权变更、保险情况、行驶路程等）追踪的全面化。

目前，HashCoin 的车辆登记系统吸引了很多制造商的关注，这些制造商不仅有意引入该系统，还愿意帮助 HashCoin 来实现该系统的正常运行。

在交通领域，工业互联网还可以实现车辆、测速仪、信号机等交通设备的互连，从而使相关人员可以及时了解并维护这些交通设备。在这个过程中，通信功能非常重要，该功能可以支持各个交通设备之间的交流。

在各个交通设备之间实现数据的实时传递，可以使相关人员及时了解道路上出现的问题，或者根据数据预估可能会发生的问题。借助通信功能，交通拥堵的压力可以得到有效缓解，道路情况与天气状态也可以被及时掌握，从而避免交通事故的发生。

通过实时数据监控，以及与交通设备进行数据的传输，相关人员可以更高效地工作。例如，根据已经掌握的数据，司机可以确定合适的行驶方式与行驶路线，这样不仅保障了行驶的安全性和可靠性，还可以减少对车辆的损耗。

对于交通设备乃至整个交通领域来说，数据扮演着不可轻视的角色。数据在交通设备之间快速、准确和实时地流动，能够使企业迅速对市场做出反应，从而实现商流、信息流、资金流和物流的良性循环。那么，企业具体应该怎样做呢？

首先，通过技术和平台改进数据的管理方式，清理、修改并完善不适应交通领域发展的各类规定，建立一体化的运营系统，及时自动地更新数据，提高数据的透明性和时效性。

其次，引入先进的设备，不断提高自身研发能力，提升各项相关工作效率，加快交通数据化和物流信息化的进程。

最后，进一步优化运营系统，加大资源整合力度，通过不断实践，提高服务质量，发挥交通领域的整体优势，实现互利共赢，从根本上改善现状。

工业互联网保障了原有的乘车上网与数据下载等功能，而且实现了传感器的设置，进一步提升了交通设备管理水平。由此可见，工业互联网与交通领域的结合可以带来与众不同的出行体验，保障出行的安全，同时为构建智能型社区、创造智慧型城市提供有力保障。

11.1.2 更加便捷的交通事故调查处理方法

近年来，因为汽车数量成倍增长，交通事故时有发生，对交通事故的调查和处理成为重要的任务之一。在这方面，我国已经有一些比较成功的经验，例如，利用监控设备、智能检测系统，再配合现场卫星通信指挥，形成一套交通事故紧急预案的联动机制。

如今，工业互联网也开始融入交通事故的调查处理中，这为整个交通领域带去了福利。而且随着计算机、5G、物联网、区块链等先进技术的发展，交通管理正在朝着智能化迈进，使交通领域经历了一次全新的升级。

工业互联网可以应用到交通领域的很多方面，例如，根据就近原则将交通事故现场的通信资源整合，加强交警与当事者的沟通和交流；通过地理信息系统，把交通事故现场的当事者、车辆、交警等动态显示在地图上，实现便捷的查询和定位。

此外，在交通事故的调查和处理上，工业互联网还可以实现三项任务，如图 11-1 所示。

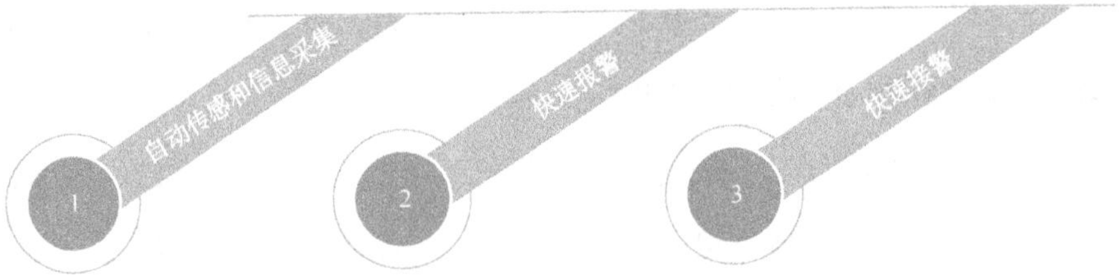

图 11-1　工业互联网的任务

1．自动传感和信息采集

运用强大的传感器，工业互联网可以在第一时间自动采集和判断交通事故的具体情况，并迅速将其传给附近的交警。这样有助于缩短交警到达交通事故现场的时间，从而将当事人的损失降到最低。

2．快速报警

当事人可以通过手机或者其他移动设备搜索附近的交警，并向附近的交警及时报告相关信息，例如，交通事故的地点、人员伤亡情况等。

3．快速接警

交警可以通过手机或者其他移动设备接收交通事故的具体情况，并与当事人完成便捷的交互，从而实现基于工业互联网的高效感知和快速出动。此外，交警还可以向交通部门的指挥中心发送处理方案，以实现统一部署。

引入工业互联网，使用先进技术以后，信息可以得到有效利用，例如，智能设备可以根据这些信息对交通事故进行识别、定位、追踪、监控，并在此基础上迅速生成解决方案。这有助于交通事故的深入调查和迅速处理，也有助于交通部门提升工作效率。

工业互联网的交通事故处理系统以 RFID（射频识别）为核心，结合视频识别、地感线圈、GPS 等先进技术，构建出一个交通管理服务网络，将道路、交通事故等情况向社会发布，提示其他司机尽快调整行驶路线，避免出现拥堵的现象。

总而言之，在调查处理交通事故的过程中，工业互联网和先进技术都可以发挥强大的作用。首先，加强了对交通事故的全方位监控力度；其次，实现了对车辆和当事者的精细化管理。对于整个交通领域而言，这具有非常重要的意义。

11.2 深入发展的智能交通

最近几年，我国交通智能化、自动化水平有了大幅提升，各项先进技术与交通融合的步伐也不断加快，智能交通已经成为必须重点关注的领域。工业互联网时代，在智能交通的影响下，交通信息得以共享，车辆与车位的矛盾得以缓解。未来，这样的可喜变化还会越来越多，中国的交通事业将出现新的腾飞。

11.2.1 实时交通信息服务

在新时代背景下，企业需要将先进的信息技术、数据通信传输技术、电子传感技术、控制技术及计算机技术等有效地运用于整个交通领域。与此同时，工业互联网可以充分利用现有交通设施，减少交通负荷和环境污染，保证交通安全，提高运输效率。

借助工业互联网，交通领域将焕发新的生机，实时交通信息服务也可以实现。其中，实时交通信息服务有很多功能，具体可以从以下几个方面说明，如图 11-2 所示。

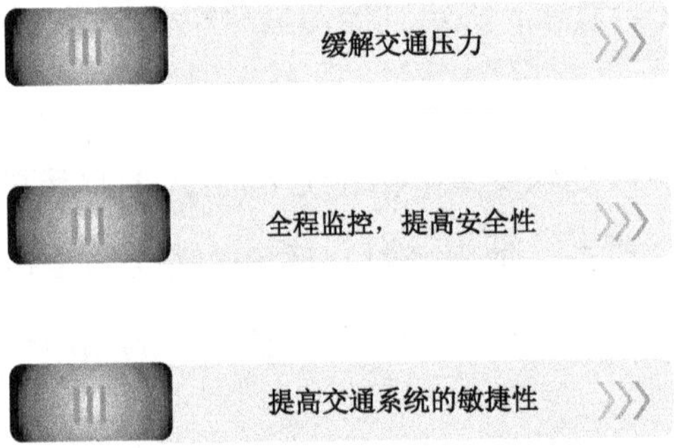

图 11-2　实时交通信息服务的功能

1．缓解交通压力

通过交通信息的获取，司机可以及时改变行程，车辆的行驶有了可靠依据。在这种情况下，道路上的无效车辆会减少，拥堵情况将进一步得到改善。也就是说，交通压力可以在消耗最低的基础上得到有效缓解。

2．全程监控，提高安全性

当获取车辆位置、道路情况、司机行驶状况等交通信息愈发方便时，交通领域的可视化程度和安全性将不断提高。例如，在途车辆出现意外之后，交通管理人员可以根据监测到的交通信息迅速反应，第一时间赶到现场，这样可以将损失降到最低，保证车辆和司机的安全。

3. 提高交通系统的敏捷性

在交通领域，随着设备的个性化和多样化发展，以及交通信息的逐渐增多，交通系统变得更加敏捷。一般来说，交通信息越多，交通系统给出的解决方案越精准，再加上 5G 手机等设备的出现，交通系统的反应速度也会比之前快很多。

因为受到交通信息化发展的影响，交通信息服务必须具备实时性。因此，交通信息服务的覆盖范围需要被进一步扩大，提供的交通信息也要更加全面。工业互联网可以让这些目标顺利实现，具体来说，通过各种技术整合交通参与者，使这些交通参与者的交通信息可以交换和共享，从而改善整个交通领域的现状。

在工业互联网时代，交通系统可以提供实时交通信息服务，例如，向司机展示道路状况，确保整个行驶过程的正常运转，实时跟踪和监控，使车辆的安全得到有效保障。此外，通过交通系统，司机可以在第一时间掌握交通信息，并在此基础上调整行驶计划，这不仅有利于节约行驶成本，还可以极大地推动现代交通的发展。

11.2.2 缓解停车难问题

如今，私家车越来越多，车位又比较少，这种资源配置的不合理使停车难成为一个不得不提的痛点。将工业互联网运用于交通领域，不仅可以有效解决停车难的痛点，还可以实现交通的智能化与自动化。

新西兰 ITS 基金会基于工业互联网和 5G，推出了与众不同的智慧交通系统。这是一个应用于停车场的智慧交通系统，该智慧交通系统不仅实现了资源的合理配置，解决了停车难、技术应用难等问题，推动了停车场的智能化发展。

新西兰 ITS 基金会的智慧交通系统由三个部分组成，具体如图 11-3 所示。

图 11-3　智慧交通系统的三个部分

1. 物联网立体车库

物联网立体车库的建立是将 5G 与物联网结合，以达到车辆和车库之间的智能连接，有效解决了车位及空间信息不对称的问题。

2. 车位流转平台

借助工业互联网可以建立车位流转平台，将未开发和未充分利用的车位整合在一起，以提升车位的利用效率。

3. 共享车位

智慧交通系统将每一个车位都纳入节点中，然后根据车辆行驶里程、道路实际状况等交通信息实现车位的共享，从而最大限度地避免资源浪费。之前，车位数据都是通过人工的方式完成输入的，在这个过程中，工作人员很可能会因为疏忽而出现失误。智慧交通系统通过感应的方式，根据车辆的行驶与停靠的具体情况记录车位数据，而且车位数据一经记录便无法修改，所以数据的真实性和有效性非常有保障。

智慧交通系统的一个节点对应一个车位，每一个车位都被当作无形的资产，以此来实现资产的数字化，保持车辆与车位之间的平衡。智慧交通系统可以实时提供车辆与车位的信息，这样不仅有利于缓解停车难问题，还有利于让车主享受更加智能化的停车服务。

工业互联网时代，整合车位数据及车位资源，再辅以先进的设备，可以进一步缓解停车难问题，这既是交通领域的未来发展方向，又是市场的倾向点。目前，类似智慧交通系统的实际应用案例正在不断增多，停车服务的质量在今后也会获得大幅度提升。

11.3 智能交通领域的巨大机会

借助技术集成、商业模式等方面的创新，智能交通获得了广泛的关注。相关资料显示，目前，智能交通每年以上千亿元的规模在持续增长。与此同时，国家将交通行业规划为重点推进行业之一，这无疑会推动智能交通的进一步发展。

由于看重智能交通的巨大价值和盈利机会，很多企业都连积极入局智能交通领域，例如，滴滴出行不仅大力发展无人驾驶汽车，还建立了一站式出行平台。在“滴滴们”的推动下，交通安全得到了有效保障，人们也可以享受更加优质的出行服务。

11.3.1 “滴滴们”的野心

作为未来优先发展的主题，智能交通在很多方面都具有优势，例如，提升交通管理效率、减少环境污染、保证交通安全等。可以说，智能交通符合建设绿色城市的要求，也因此获得了政策上的大力支持。长远来看，智能交通将得到更加广泛的应用，由此创造的丰厚效益使其具有非常广阔的市场前景。

为了抢占市场，滴滴出行、一号专车、Uber 等交通领域的知名企业正在进行一场疯狂的“烧钱”大战，并吸引了百度、阿里巴巴、腾讯等资本巨头的参与。如今，在小区、写字楼、校园等诸多场景中，都可以看到包括滴滴出行在内的知名企业的身影，这些“滴滴们”的野心远不止于此，其今后的掘金重点实际上是智能交通。

在智能交通领域，无人驾驶汽车是不得不提的盈利点，“滴滴们”当然不会放过这样的绝佳机会。滴滴出行 CEO 程维表示：“滴滴接下来的任务是推动无人驾驶汽车进入日常生活，努力让用户享受更完善、更安全的服务。”2019 年 8 月，滴滴出行拿到了上海的无人驾驶汽车的路测牌照，嘉定成为第一个测试地点，代表无人驾驶汽车的真正上路指日可待。

无人驾驶汽车是智能交通的重要组成部分，其主要工作原理是通过智能驾驶仪，配合计算机系统实现自动化驾驶。具体来看，无人驾驶汽车综合了很多项技术，如视觉识别、超强的感知决策等。无人驾驶汽车不仅能够识别道路上的行人和车辆，并迅速做出相关决策，还可以像熟练的司机一样进行调速，呈现完美的驾驶状态。

预计在 2022 年前后，无人驾驶汽车将全面打入市场，为智能交通和“滴滴们”开启一个全新的篇章。无人驾驶汽车之所以发展得如火如荼，与其自身所具备的优势密不可分，这些优势可以为日常生活带来诸多便捷，如图 11-4 所示。

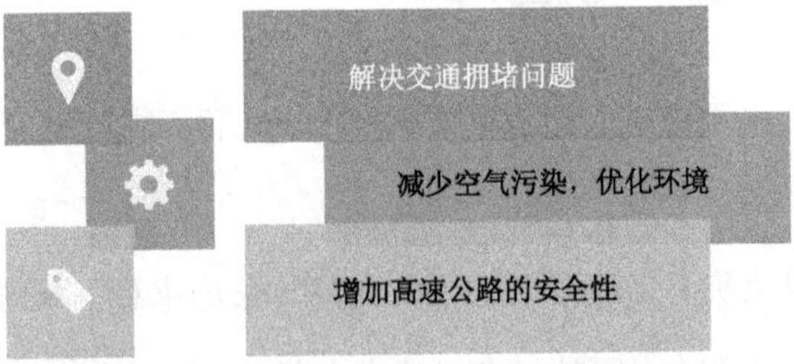

图 11-4　无人驾驶汽车的优势

1. 解决交通拥堵问题

每个城市都会面临交通拥堵问题。相关数据显示，在我国，有66个城市的汽车数量已经超过100万辆，有29个城市的汽车数量已经超过200万辆。随着汽车数量的不断增多，交通拥堵的问题会更加严重，环境也会进一步恶化。

无人驾驶汽车的感应器能够与交通部门的智能感知系统联合工作，从全局角度把握各个十字路口的实时车流量信息。然后，无人驾驶汽车会根据实际情况调整自己的路线，尽量做到不扎堆出现在同一个十字路口。这样能有效提高通行效率，缓解令人头疼的拥堵现象。

2. 减少空气污染，优化环境

燃油汽车是造成空气质量下降的主要原因之一，而无人驾驶汽车则能够有效减排，并提高节能效率。在共享经济时代，无人驾驶汽车将成为共享汽车的一部分，而且拼车的乘客越多，对环境的污染就越小。

3. 增加高速公路的安全性

高速公路的安全问题一直令人焦虑，几乎每天都会有司机死于高速公路的交通事故，对此，世界各国都在努力采取措施降低交通事故发生率。在安全问题上，无人驾驶汽车必将大幅度降低交通事故的危害，从而避免人员伤亡。

从本质上讲，无人驾驶汽车能够节省人力，进一步降低汽车的上路成本。对于未来的交通领域来说，如果无人驾驶汽车能够被大规模研发，那么很可能会有更加强烈的市场需求与美好的市场前景。总而言之，无人驾驶汽车的落地会给传统的商业模式带来巨大改变，同时也会使人们的出行方式和生活方式产生巨大变革。

虽然在没有人为干预的情况下，无人驾驶汽车也出现了一些交通事故，但是未来的先进技术及“滴滴们”的积极入局，将会把无人驾驶汽车的安全性提升到一个新的水平，最大限度减少交通事故发生的概率。当然，无人驾驶汽车也将推动智能交通的进步和发展。

11.3.2 未来的一站式出行愿景

因为受到经济发展和技术进步的深刻影响，人们的出行方式变得更加多元化，一站式出行的需求也越来越强烈。所谓一站式出行主要是指将各种交通模式全部整合到统一的服务体系与平台中，从而充分利用各种先进技术，调配最优资源，规划最优路线，实现个性化出行的交通服务生态，并以一票制方式或包月套餐方式进行支付。

从整体上来看，一站式出行共有四个特征：智能、共享、一体和人本。

（1）智能——以移动互联网平台的大数据资源、机器学习、人工智能等技术为基础。

（2）共享——将重点放在出行服务的提供上，人们不仅仅是出行服务的享受者，也是交通数据的提供者与分享者。

（3）一体——对各种交通模式进行整合，人们不需考虑出行过程中各种交通模式的衔接，并采取一票制或包月套餐的支付方式。

（4）人本——以人为本，给人们提供无缝衔接、安全、便捷、舒适和个性化的出行服务。

在交通领域转型升级之际，滴滴出行迎合时代发展，建立了“一站式出行平台”，使人们享受到了极致的出行服务。通过滴滴出行的“一站式出行平台”，人们可以看到从始发点到目的地的所有出行方案，其中还包括时间最短或者费用最低的推荐出行方案。

就现阶段而言，滴滴出行的一站式出行平台已经展现出了很多优势。首先，高效、精准匹配需求与供给，大幅度提升交通效率。其次，为人们提供个性化、多组合出行方案，满足快捷、舒适、绿色等需求。最后，自动规划路径，优化城市交通组织。

目前，很多国家都开始探索一站式出行服务，其中也不乏一些交通强国，如美国、英国等。一站式出行已经逐渐成为交通强国的重要标志之一，我国在这方面具备一定的竞争力，例如，智能手机普及率高，网约车、共享单车发展迅猛，移动支付技术先进等。

发展一站式出行的目的是创造价值，让出行、城市、环境及人们的生活都可以更加美好。要实现这一目的，必须从一点一滴做起，集结企业、政府、民众的智慧与力量，尽快使交通领域走向智能化、自动化、共享化、电动化。

· 第 12 章 ·

工业互联网与能源开发利用

能源行业在经济发展过程中扮演着非常重要的角色，其兴衰甚至可以直接影响整个国家的竞争力。目前，世界主要国家都非常看重能源行业，并为推动其发展制定了各种政策，例如，美国颁布了《全面能源战略》、日本出台了《面向 2030 年能源环境创新战略》等。

随着新一代技术的发展和普及，能源行业的转型升级需求变得越来越迫切。于是，以工业互联网为代表的变革已经在能源行业普遍发生。

12.1 工业互联网对能源行业三大领域的积极作用

就现阶段而言，能源行业的信息化基础比较扎实，工业互联网方面的基础设施与数字化能力也十分健全。从这个角度来看，工业互联网与能源行业有着天然的契合性和适配性，二者的结合实际上只是时间问题。

把工业互联网应用到能源行业，可以对能源生产端、能源传输端、能源消费端产生积极作用，例如，打通信息流，整合生产数据；实现不同国家和地区之间互连，降低能源传输成本；促进产销一体，加强双向交互等。

12.1.1 能源生产端

在生产端，能源行业的绝大部分企业都有相应的控制层系统，能够对生产过程进行监控和管理。不过，能源行业对技术和数据的应用水平不高，一是缺少对技术的认识和引进，导致整体的效率低下，二是数据分析能力亟待提升，导致数据的价值没有得到充分发挥。

由此可见，能源行业对工业互联网具有十分迫切的需求，必须通过工业互联网完成技术和数据模式的创新及智能化与自动化的升级。对于能源行业的生产端，工业互联网可以提供以下两种关键支撑。

（1）工业无线、时间敏感网络、IPv6（互联网协议第 6 版）、5G、广域网等与工业互联网息息相关的技术能够迅速打通能源行业的信息流，将重要的生产数据整合在一起。

（2）数据管理与分析可以实现数据的深度挖掘与广泛应用。

在能源行业，工业互联网推动了生产端的价值提升，而且随着各项技术的不断成熟，电力、化工、光伏等领域也获得了良好发展。从生产端的角度来看，工业互联网可以优化工厂的能源消耗、实现产业链的自动化管理，提高企业的生产效率。

促进能源行业与工业互联网的结合，是建立现代能源体系的必要措施。当现代能源体系被正式建立起来之后，不仅可以实现能源生产的智能化，推动各类能源的协同发电，还可以实现数据、能量、能源三者之间的交换与共享。

12.1.2 能源传输端

除了生产端以外，能源行业的传输端也需要工业互联网的助力。如今，各国家、各地区的能源规模有很大不同，为了缓解这种现状，能源必须被不断传输。然而，在传输的过程中，不仅要花费巨额成本，还要消耗大量时间，这对于企业和整个能源行业来说是很难接受的。

借助工业互联网，不同国家和地区之间可以实现互连，这有利于降低能源传输的成本，提升能源传输的灵活性。对于大规模、远距离的能源传输来说，只有更低的成本才可以实现灵活性，这在很大程度上取决于整个能源行业的效率。

在不同国家和地区互连的过程中，工业互联网的独特价值体现在其稳定性和高效率上。技术的升级或许有利于能源传输的优化，但前提是必须有一个完善、有效的互连解决方案。借助这个解决方案，各国家、各地区的能源被整合在同一个网络中，能源的传输效率才能有很大提升。

12.1.3 能源消费端

工业互联网构造了一种融合了信息和能源的体系，通过这个体系，任何合法主体都可以接入并分享自己的能源。此外，该体系还实现了双向配置，既可以将能源传输给用户，又可以对用户的闲置能源进行回购再配置，这不仅可以促进产销一体，还有利于实现双向交互。

工业互联网背景下的能源消费不是封闭式的，而是需要与其他环节协同发展。在这种情况下，只考虑接入和分享能源肯定不可以，还需要考虑打通能源的线上线下交易。当然，这件事情不可能一蹴而就，必须有一个不断完善的过程。

之前，有学者对“工业互联网+能源消费”的路线进行了规划，并提出未来的主要发展目标。如今，随着能源改革和“互联网+”的不断推进，这个目标的实现进程会进一步加快，能源消费也会变得越来越高效、便捷。

12.2 能源行业引入工业互联网的最终目的

我国能源行业的工业互联网起步比较早，现在已经获得了广泛应用，并在相关政策的支持下取得了不错的效果。首先，能源行业引入工业互联网以后，能源的生产与消费效率得到了大幅提升。其次，在工业互联网出现以后，能源系统得以构建，能源交易中的供给与需求达到了平衡。最后，为了推动工业互联网在能源行业的普及，大唐集团、上海电气、积成电子、中国移动和联想都展开了部署和行动。

12.2.1 大幅提升能源生产与消费效率

习近平总书记曾经就能源安全战略发表重要讲话，并明确提出保障国家能源安全、推动能源生产与消费革命的要求。谈及具体措施时，习近平总书记重点强调要抑制不合理能源消费，控制能源消费总量，有效落实节能优先方针，把节能贯穿于经济社会发展的全过程和各领域，坚定调整产业结构，高度重视城镇化节能，加快形成能源节约型社会。

习近平总书记的重要讲话对于改善能源生产方式、转变能源消费理念具有极其关键的指导意义。随着能源生产与消费革命的持续发展，工业互联网与能源行业的结合变得迫在眉睫。当能源行业引入工业互联网以后，能源生产与消费的效率可以得到大幅提升。

在能源生产方面，大唐集团与上海电气等企业达成合作，共同建立了工业互联网平台。该平台可以对生产数据进行采集、汇总、监测，从而为能源生产流程的优化提供依据，为改进生产设备、重组生产线提供支撑。

在能源消费方面，积成电子、中国移动、联想携手建立了智慧能源平台，以便在分析能源、使用数据的基础上使能源实现按需配置。对于企业来说，智慧能源平台可以管理能源消耗，降低能源开支；对于政府来说，能源智慧平台可以提供能源消费的动态信息，促进能源的有效监管和实时调控。

未来，工业互联网会在能源生产与消费方面开拓更多的应用，创造更多的经济价值。企业需要做的就是在立足自身实际情况的条件下加强合作，充分利用外部资源。

12.2.2 形成能源交易市场与能源资产交易市场

在当今社会，垄断与反垄断的竞争似乎一直都存在。从人们开始享受到由能源提供的服务开始，能源交易就一直被少数寡头企业控制着。但不得不承认，之前经济发展比较缓慢的时候，高昂的基础设施建设费用也确实只有少数寡头企业才有能力承担。

众所周知，能源交易中包含着各种各样的费用，例如，坐落在大城小镇中的变电站、长度高达数千千米的传输网络、超百万名工作人员……这些费用让那些经济实力较差的中小企业望而生畏，但在这些巨额投入的背后隐藏着非常丰厚的利润。

尤其在工业互联网出现以后，构建能源系统的可能性变得越来越大。只要有能源交易发生，智能设备就会在第一时间告知能源系统。而且借助工业互联网，能源可以被自动控制，从而使供给与需求始终保持一种平衡的状态。

例如，当供给大于需求时，智能设备会自动将闲置能源提供给储能装置；当需求大于供给时，智能设备会让储存在储能装置中的闲置能源去填补供给的不足。通过这样的方式，无论是能源的流向，还是储能装置，都可以被直接控制，从而简化能源交易的流程。

除此以外，能源交易中的资产转移也可以由智能设备控制，这样不仅可以保证资产的安全，还可以提升买方的支付效率，缩短买方收到资产的时间。由此来看，工业互联网确实可以对能源交易和能源资产交易产生直接且深刻的影响。

12.3 未来能源互联网的四大特性

工业互联网与能源行业的结合催生出能源互联网，这是可喜的变化。未来，能源互联网将衍生出四大特性，即可再生能源高渗透率、非线性随机特性、多源大数据特性和多尺度动态特性。此外，能源互联网高度迎合了时代的发展，可以为政府、企业、用户带去福利。

12.3.1 可再生能源高渗透率

对于能源互联网来说，可再生能源是关键的供应来源。因为可再生能源具有间歇性、波动性的特点，所以其大规模接入会对能源网络的稳定性产生严重影响。在这种情况下，传统的能源网络必须尽快完成向能源互联网的转型升级。

此外，可再生能源还具有分散性的特点，为了以最大的效率对其进行采集和使用，必须建立可以实时收集和使用能源的网络。一般来说，这样的网络规模比较小，分布范围广，可以构成能源互联网的节点。

在可再生能源高渗透率的背景下，能源互联网的控制与管理会区别于传统的能源网络，这无疑会带来一些新的科学与技术问题。对于企业来说，这些问题就是今后研究的重点。

12.3.2 非线性随机特性

传统的能源网络往往无法保证自给自足，必须对能源进行交换才可以维持供给与需求的平衡。能源互联网整合了智能设备、储能装置、能源系统等要素，并实现了各要素之间互连，可以为整个能源行业带去效益。

未来，能源互联网的主体将变成可再生能源。不过，受到价格、负载、传输模式、用户响应等方面的影响，可再生能源通常具有很大的不确定性和随机性，这也使能源互联网呈现出很大的不确定性和随机性。

在这种情况下，企业无论是想控制可再生能源，还是想控制能源互联网，都必须面临严峻的挑战和巨大的压力。当然，对可再生能源和能源互联网进行优化、调度的难度也会比之前高，这需要企业不断提升自己的技术能力进行应对。

12.3.3 多源大数据特性

从宏观层面来看，能源互联网有 4 个要点：能源双向流动、对等、共享、扁平。从微观层面来看，能源互联网可以实现智能设备、储能装置、能源系统的即接即用，而且只要满足操作条件，这种即接即用就可以实现自动化和智能化。

另外，能源互联网的工作环境非常特殊，一般会涉及大量的数据。尤其在可再生能源接入能源互联网之后，不同来源的数据更是越来越多，例如，气象情况、用户使用习惯、能源储存状态等。

工业互联网时代，高级测量技术得到广泛应用，随之而来的是能源互联网中具有测量功能的智能终端不断增多。在运作的过程中，这些智能终端需要采集、分析大量的数据，从而使能源互联网的多源大数据特性进一步加强。

12.3.4 多尺度动态特性

如果将能源互联网视为一个系统，那这个系统不仅可以把物质、能源、信息融合在一起，还可以实现物质空间、能源空间、信息空间乃至社会空间的紧密连接。与此同时，这个系统还包含了各种各样的行为，例如，离散动态行为、连续动态行为、有意识行为等。

作为一个规模巨大的复合型系统，能源互联网与传统的能源网络有很大差异。首先，能源互联网的开放性更强，尺度也较为多样；其次，能源互联网的复杂性更明显，在空间和行为上呈现出强大的动态性。

在上述4大特性的助力下，能源互联网的优势已经显现出来。从政府的角度看，能源互联网可以充分利用可再生能源，满足用户的能源需求；从企业的角度看，能源互联网是一个比较广阔的消费市场，可以促进竞争力的提升；从用户的角度看，能源互联网可以在提供能源的同时实现能源的交换和共享。

针对能源互联网，美国著名经济学家杰里米·里夫金曾经说过："为了迎接新时代，我们需要建立能源互联网，让人们可以在自己的家中、办公室里创造能源。多余的能源则可以与他人交换和分享，就像我们在网上交换和分享信息一样。"相信随着工业互联网与能源行业的进一步结合，这样的想法很快就可以成为现实。

·第 13 章·

工业互联网驱动钢铁行业变革

对于钢铁行业来说，积极探索工业互联网有助于提高生产效率和流通效率，更迅速地实现转型升级，进而推动下游各个以钢铁为主要原料的行业更快、更好地发展。未来，工业互联网会深入钢材、建材等领域，以找钢网为代表的工业互联网企业会引领钢铁行业的变革，进而对整个中国工业的发展起到较好的推动作用。

13.1 从原料到终端的全线链接

工业互联网的发展会直接影响钢铁产品的生产，比如价格及流通，而钢铁产品的变动则会间接影响用户，例如，楼房的搭建少不了钢铁，频繁使用的笔记本和手机等产品也需要钢铁。可以说，钢铁这种工业材料是无处不在的，它在日常生活的方方面面都有体现。

总而言之，工业互联网背景下的钢铁行业会和之前有很大不同，例如，调动用户购买行为背后的全产业链、打破孤岛现象等。

13.1.1 调动用户购买行为背后的全产业链

在钢铁行业，用户购买行为背后往往隐藏着非常复杂的产业链管理体系，例如，用户想购买钢材，这看起来是一个非常简单的行为，但需要经历烦琐的流程，包括生产制造、精细化加工、仓储管理、物流运输、售后服务等。

如今，工业互联网打破了这样的局面，它把从原料到终端的整条产业链全部连接在一起。由此来看，工业互联网可以整合产业链中各个环节的资源与服务，这不仅有利于改善各自为战的现状，还可以有效避免重复和浪费的现象。

任何行业都拥有完整的产业链，钢铁行业也不例外。从原料到终端，其中囊括了很多细分的工作，例如，原料采购、销售管理等。通过工业互联网，钢铁企业可以将这些细分的工作转化为一个整体，并以更高的效率对其进行调动，从而缩短向用户交付的周期。

13.1.2 打破钢铁行业的孤岛现象

以前，产业链中各个环节的发展虽然比较成熟，但不同环节之间没有实现互连，久而久之便出现了孤岛现象。因此，钢铁行业与工业互联网结合的首要任务就是打破孤岛现象，将整条产业链串联起来。

在这方面，找钢网做得非常出色，其核心目标是串联钢铁行业的一切。为了实现该目标，找钢网一直在研究，并在产业链业务上不断发力，提供从原料采购到仓储管理、物流运输等环节的一站式服务，以及提供针对海外企业和下游企业的个性化服务。

此外，找钢网还积极引入先进技术，致力于数据平台的打造。借助找钢网的数据平台，钢铁企业可以进一步提升效率，并在分析各类数据的基础上进行更科学合理的决策。

最近几年，找钢网已经与多家钢铁企业达成合作，这些钢铁企业基本上全部使用了找钢网开发的钢铁助手 App。安装了钢铁助手 App 以后，钢铁企业的工人可以随时获取各个环节的重要信息，例如，钢材的储存情况、原料的规格和价格等。

对于钢铁企业来说，实现产业链的串联在过去根本无法想象，但是现在借助工业互联网和先进技术，就可以将低效的线下管理转化为高效的线上管理。这不仅能够优化生产线的安排和调节，还有利于提升钢铁企业的竞争力和市场地位。

13.2 工业互联网与钢铁行业三大竞争力

推动工业互联网和钢铁行业的深度融合，可以促进钢铁行业的高质量发展，提升钢铁行业的竞争力。例如，充分释放钢铁行业的潜力，保证轧线的生产质量；高度整合资源，实现内部调节效率的提升；与渠道伙伴紧密合作，更全面地了解钢铁市场。

13.2.1 轧线的生产质量

在 20 世纪 70 年代的钢铁企业中，很少有全自动化的轧线，尤其是在中小型钢铁企业中，使用的基本上都是半自动化轧线。这种半自动化轧线不仅生产质量堪忧，还容易引发安全事故，例如，发生过工人和钢锭绞在一起的事故等。

钢铁行业是国之重器，但在技术当道的时代，其前进的步伐却被不断放慢。

之前，数据化、智能化是横亘在钢铁行业面前的大山，但如今，这座大山正在被工业互联网剧烈撼动着，钢铁行业开始显示出其真正的威力，轧线的生产质量也得以进一步提升。

在钢铁行业，工业互联网可以依托相关技术，将智能设备迅速接入炼铁、炼钢、焦化等核心环节中。与此同时，工业互联网还可以记录、收集、汇总及分析智能设备所产生的信息，并基于这些信息对生产进行监控、预警和调整。

在轧线管理方面，借助全产业链的智能设备，钢铁企业可以高效且精准地采集数据，从数据层面把控整条轧线，从而真正实现生产的数据化和智能化，提升轧线的生产质量。工业互联网为轧线涂上了一层润滑剂，不仅保障其运转顺畅，还促进了钢铁企业的效益最大化。

工业互联网是一种新形态，可以帮助钢铁企业完成“瘦身”——以智能设备为基础，通过完善的信息与数据管理体系对生产进行优化，同时以数据化、智能化的模式创新产业链和轧线，从而推动规模效应和协同效应的产生。

13.2.2 企业内部调节效率

对于钢铁企业来说，生产的公开化和透明化非常重要，内部调节效率的提升十分关键。找钢网依托自身强大的技术实力，可以极大助力钢铁企业的转型升级和改革，例如，供给侧透明化、提升内部调节效率、整合全要素等。

拥有强大交互能力的钢铁企业往往可以获得丰厚的盈利。例如，当某种钢材的价格正在大幅度上涨时，钢铁企业能够根据市场情况把原料率先安排给相关的生产线。找钢网便可以赋予钢铁企业这样的交互能力。

通常来讲，钢铁企业只能知晓自己的情况和数据，而这样的局面如今正在被找钢网打破。找钢网与大量的钢铁企业合作，其中还包括一些非常知名的钢铁企业，这无疑为找钢网打造全数据场景提供了便利。

通过找钢网的全数据场景，钢铁企业可以准确判断出钢铁市场的未来走向，例如，判断下个月某种原料的价格，或判断半年以后钢材的供需情况等。掌握了钢铁市场的未来走向，钢铁企业才能够制定更合理的生产计划，从而使流通效率和内部调节效率得到大幅度提升。

13.2.3 与渠道伙伴的合作程度

习近平总书记在中国共产党第十九次全国代表大会上明确指出，我国经济已由高速增长阶段转向高质量发展阶段，正处在转变发展方式、优化经济结构、转换增长动力的攻关期，必须坚持质量第一、效益优先，推动经济发展质量变革、效率变革、动力变革，提高生产率。为了响应国家号召，找钢网已经进行了缜密的布局。

在布局的过程中，找钢网重视外部合作，通过工业互联网加强与渠道伙伴之间的联系。在和上游的钢铁企业合作时，找钢网帮助其销售产品，并通过先进的数据分析技术为其进行科学合理的决策；在和下游的钢铁企业合作时，找钢网为其提供了包括加工、出库、销售在内一站式服务，这在很大程度上提升了其整体效率。

以前为了维护自身利益，钢铁企业都会设立一个界限，找钢网的作用就是将这个界限打破，使各个钢铁企业之间的合作程度进一步加深。目前，找钢网一直坚持扮演中间人的角色，致力于以更少的流通次数整合全要素，这也是工业互联网的核心宗旨。

13.3 工业互联网改善钢铁行业外部融合

工业互联网使钢铁企业迎来了春天——钢材价格上涨，销售业绩漂亮，下游企业需求强烈。受此影响，钢铁企业开始扩展销售半径，希望让自己的产品遍及更多地区。此外，在工业互联网的推动下，钢铁行业与金融行业之间的贴合更紧密，交易安全也得到了充分保障。

13.3.1 不再受限于销售半径

在存在基础利润的竞争环境下，前文所提及轧线的生产质量、内部调节效率、与渠道伙伴合作的程度等都会对钢铁企业的未来发展产生深刻影响。此外，随着工业互联网与钢铁行业的深度融合，钢铁企业的盈利情况也会进一步改善。

更好的发展加上更丰厚的盈利，钢铁企业的整体实力会不断提升，其销售半径也会持续加大。以前受限于运输方面的成本，每个钢铁企业都有自己的销售半径，现在效益越来越好，钢铁企业自然也会扩展自己的销售半径。

当然，与扩展销售半径一同而来的还有越来越激烈的竞争，所以为了充分保证自己的优势地位，钢铁企业必须建立自己的品牌，树立良好的信誉和形象。在这方面，找钢网可以为钢铁企业提供有力的支持与帮助。例如，考虑到季节和气候等因素，东北地区的钢铁工厂如果只在附近销售，肯定会面临巨大的压力。于是，找钢网将东北地区的钢铁产品销售到安徽，甚至昆明，从而使钢铁企业不必再局限于极短的销售半径。

找钢网在国内和国外都设立了服务机构，拥有丰富的渠道资源，可以把某个地区的钢铁产品以更具优势的价格销售到其他地区。这不仅打破了原有的地区限制，使以前不可能合作的钢铁企业实现了合作，还使整个钢铁行业变得更有活力。

13.3.2 与金融贴合更紧密

和过去几年相比，钢铁行业发生了翻天覆地的变化，其中比较明显的就是与金融行业贴合得更紧密了。就现阶段而言，钢铁行业的交易方式主要是后结算，在这样的交易方式下，卖方提供的是服务，其所承担的风险并不是很大。而且如果遇到一些需要买断的钢铁产品，交易双方还可以通过期货实现对冲。

另外，在钢铁企业内部，采购、生产、销售等环节可以高效配合，这也有利于规避风险，尤其是金融方面的风险。对钢铁企业来说，这些都是风险管理机制的组成部分，可以有效防止自己陷于经济纠纷中。

工业互联网时代，支付的安全得到了充分保障，这使得钢铁企业愿意也敢于将金融上的主导权放在自己手中。借着各类金融衍生产品的东风，钢铁行业可以从中受益，交易双方的风险也都得到了有效控制。

·第 14 章·

未来 5 年工业互联网发展趋势

工业互联网的发展步伐在不断加快，更多的新兴职业、先进行业不断崛起。在我们完全做好准备之前，所有一切都在猝不及防的情况下发生，这超出了我们的想象。不知不觉间，工业互联网的时代已经开启，产业变革和全面智慧化成为不可逆转的趋势。

14.1 继续深化的产业变革

对于世界来说，变革是美好的，因为生产力获得了提升。但是对于行业巨头来说，变革也许是一场灾难，因为这会将其从世界前沿的位置拉下来，使其成为跟随者或是被淘汰者。在工业互联网的推动下，变革继续深化，以制造业为代表的很多行业都受到了影响。例如，制造业开始向高端制造业转变，朝着分布式方向发展。

14.1.1 工业互联网与高端制造业

制造业是全球经济竞争的制高点，尤其是高端制造业，受到各国的重视。随着技术的发展，中国的制造企业正在面临着来自内部和外部的双重挑战。从内部来看，生产成本上升、研发投资不足、组织方式传统、管理体系老旧都是必须解决的问题；从外部来看，消费的主导权在用户手里，市场竞争压力越来越大。

工业互联网开放性平台正在不断发展，获取数据的渠道也越来越多，但如果企业不重视数据，那么大数据所带来的变革也与企业无缘。因此，工业互联网背景下的管理模式要求企业重视数据及技术的升级。

因此，工业互联网可以对制造业和制造企业产生巨大冲击。制造企业要积极引入科学的工具，最终逐渐形成高端制造的雏形。

14.1.2 “互联网+”下的分布式战略

“风口”是让猪飞起来的源动力，无论后来有没有跌在路上，至少曾经飞过。在互联网时代，“风口”是什么？不是情怀，而是流量入口。

经常使用微信的人都知道，微信的流量入口正朝着分布式方向发展，其实，整个互联网亦是如此。在“互联网+”的背景下，尽管微信赚足眼球，但各家 App 有各自的市场，流量入口也不可能被百度、阿里巴巴、腾讯这类巨头独占。

1. “互联网+”的入口是多梯队的

如果你想在三更半夜用陌陌搜附近的人，你第一步需要做什么？答：安装陌陌软件。这是一个错误的答案，因为你第一步需要有一个手机或电脑。这是使用“互联网+”的基本硬件，当然可穿戴设备、AR/VR 眼镜等“高大上”的工具也是可以的。这是"互联网+"的第一梯队。"互联网+"入口的不同梯队如图 14-1 所示。

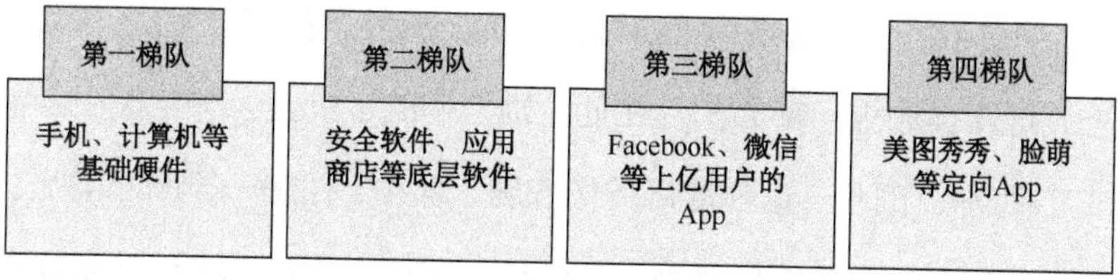

图 14-1 "互联网+"入口的不同梯队

在这方面做得比较好的是小米。小米手机的成功已经证明硬件可以成为互联网的基础入口；无论是百度、阿里巴巴、腾讯，还是格力、美的、奥克斯，都在硬件上做自己的生态布局，因为这是流量产生的源头。

第二梯队就是像奇虎 360 一样的安全软件及应用商店。安全软件在所有软件中处于最底层的位置，应用商店则是把流量集中到一起，然后再分发。

第三梯队是像 QQ、Facebook、微信、百度地图等超级 App。这些 App 拥有惊人的用户量，大量的用户每天都要把自己的时间花费在上面。尽管这些 App 的变现渠道并不是那么顺畅，但是股价的上涨已经证明它们仍有巨大的变现潜力。

第四梯队就是用户量并不是那么大的应用工具，如美图秀秀、365 日历等。这类应用满足了特定用户的刚性需求，具有明显的小众化、高黏性特征。

2."互联网+"的入口是多元化的

在台式计算机盛行的时代，浏览器、即时通信、安全领域等都是入口。而在"互联网+"时代，小米手机、谷歌操作系统、苹果应用商店、QQ 安全中心等工具类应用变成新的入口。此外，"互联网+"的入口还呈现多元化，因为移动终端、用户使用场景、用户需求的多样性，要求入口也必须是多元化的。

打开朋友们的手机，你会发现他（她）们的手机上往往装着超过 10 个以上的 App，有些是自带的，有些是根据喜好安装的。另外，你还会发现，微信、QQ、安全卫士、地图类的应用都会出现在他（她）们的手机上，并且很少会被删除，因为在“互联网+”时代，这些应用就像衣服、食物、住房一样的必需品。这说明当你的产品达到了一定的用户量级，它就成为了一个入口。这也就意味着，无论是什么类别的 App，都有可能成为一个新的入口。

3．“互联网+”的入口是碎片化的

如今，手机的使用场景已经变得越来越多，例如，逛街购物、外出游玩、上下班途中等，在这种情况下，“互联网+”真正进入了人们的日常生活中。

人们停留在某一个 App 上的时间可能并不长，而是花时间频繁地在不同 App 间切换。他们在漫无目的地打发等待时间、无聊时间、琐碎时间等，而这些时间足够互联网企业发挥了。由于 App 的使用时间是碎片化的，所以其种类最好也是碎片化的，这也符合“长尾理论”的特征。App 渗透在我们的日常生活里，种类繁多，这决定了流量入口不会被几款 App 霸占，从而使“互联网+”的入口趋于碎片化。

前文所述的多梯队、多元化、碎片化其实都是分布式的体现。既然“互联网+”带着明显的分布式特征，那些长期占据渠道的巨头也只能顺势而为。

我们以百度为例，百度要想完全垄断整个互联网行业，不仅需要控制安全、应用商店、浏览器、通信工具，还需要在各个细分领域控制诸多 App。而这种控制可分独资、参股、投资等多个层级，但百度不可能完全控制所有的层级。

通过百度的一些动作就可以理解其开放模式。例如，百度曾经出资 1 亿美元投资二手车在线交易服务提供商优信拍，又全资收购了安全企业安全宝，还投资了智能点餐平台客如云。

百度的开放模式就是为了实现分布式，即自己不会事事参与，而把一些决策层的事主动交给合作的企业去做。当然，百度明白，这种开放模式是迫不得已的，因为如果自己不这样做，那么很快就会被竞争对手抢先。

现在不是守着一个搜索渠道就能高枕无忧的时代，在分布式的背景下，顺势而为才是王道。移动端有无数的入口、无数的想象空间，创业者可以从中寻找机会，先做先试，争取在未来的市场中分得一块蛋糕。与此同时，创业者也可以在不同的巨头、不同投资者间纵横捭阖，探索出一条最佳的发展道路。

分布式特征在“互联网+”时代表现得特别明显，这意味着任何企业或应用不可能完全占领市场，例如社交软件有微信，也有陌陌；打车应用有快滴拼车，也有滴滴出行。像百度旗下的天气、日历类应用，市场上也有很多，例如墨迹天气、365日历。因此，无论是分布式的布局，还是企业的进阶，其实都是顺势而为。

14.2 以AlphaGo为代表的全面智慧化

李世石与AlphaGo（阿尔法围棋）进行的围棋人机大战是很多人都知道的事情。这场大战共进行了五场，最终以1：4的比分结束，李世石失败，无缘100万美元奖金，AlphaGo则以大比分优势胜出。在这之后，以AlphaGo为代表的全面智慧化闪亮登场。

全面智慧化建立在“互联网+”基础上，可以实现物理世界与数字世界的融合。此外，通过人类意识直接与机器的协同，机器能够学会用人类的方式与人类沟通。在这方面，百度的度秘（Duer）是一个代表性案例。

14.2.1 人类意识直接与机器的协同

自从 AlphaGo 战胜韩国围棋高手李世石后，便引起社会各界的瞩目。无论是政府高层、优秀企业家，还是普通社会群众都对人工智能发表了看法。社会各界普遍认为，我们现在已经从互联网时代逐步过渡到了人工智能时代。

准确来讲，我们目前进入的是弱人工智能时代。因为 AlphaGo 所代表的智能产品仅限于会下围棋，只能在围棋领域进行思考。也就是说，虽然 AlphaGo 是围棋圈内的行家里手，但是在其他领域，AlphaGo 只是一台冷冰冰的机器。

另外，不得不说，即使在围棋领域，AlphaGo 也显得呆若木鸡。虽然它凭借芯片存储的大数据及强大的数据处理能力战胜了多数围棋冠军，但是它并没有成功时的喜悦，有的只是冷冰冰的面容。

百度创始人李彦宏曾经说过："因为人工智能就是靠机器来理解人的意图，如果机器能够理解人，那么它自然而然也就能够理解人，所以我们说，互联网只是前菜，人工智能才是主菜，因为它们对这个社会的改变，在本质上不是一个量级的。"

在人工智能时代，让机器学会用人的方式与人沟通，就是要让机器学会用语言、眼神、肢体动作等方式与人进行高效的互动。总而言之，人工智能研究的终极目标是让机器可以像真正的人一样来理解人类，能够知道人类的意图。

百度研发设计的智能产品度秘（Duer）在很大程度上实现了上述目的。度秘的理念是："智能的度秘，只提供给你最好的选择。"同时，度秘也是百度"唤醒万物"的典型案例，它可以变身为智能秘书，依靠 DuerOS 对话式人工智能系统进行语音操作。

此外，在实践应用中，度秘还能够通过语音识别系统、自然语言处理系统进行深度的自主学习，不断提高自己的智慧。我们普通用户只需要使用语音、图片或文字，就能够与度秘进行一对一的沟通。这时的度秘，就像一个无所不知的专家。

只要你有需求，并说出需求，度秘就能依靠海量的数据及强大的数据处理能力，帮助你满足需求。如果你是一名吃货，那么度秘就是一位美食鉴赏家。当你在饭店纠结，不知该吃什么的时候，只要告诉度秘你的需求，它就会为你推荐几款适合你的美食。如果你是一位电影爱好者，那么度秘就是你志同道合的朋友。度秘是一个超级影迷，它不仅在数据库中收藏了海量电影，还能为你推荐合适的电影。不管是高分电影、经典电影，还是冷门电影，它都能满足你的需求。如果你是一位工作达人，无暇顾及孩子的教育，那么此时度秘就是一位教育专家。度秘可以存储海量的故事，不仅包括童话故事，还包括文史故事。孩子想要听什么故事，直接对度秘讲，度秘就会娓娓道来。这样，你在工作的时候，就不必担忧孩子的教育问题。总之，暖心的度秘，能够帮我们打造更有序的生活。

不过必须承认的是，在弱人工智能时代，机器毕竟是机器，有着属于自己的缺点，可能会少一些人情味，但这也让我们未来努力的方向更加明确，那就是要使机器学会用人的方式与人沟通，使我们的生活更加便捷、高效。

14.2.2 数字世界对物理世界的融合

“互联网+”是各国近年发展的重点，因为它可以与传统行业融合。其实归根结底，“互联网+”与传统行业融合就是数字世界与物理世界的融合。

通用电气、美国通信企业 AT&T、思科、IBM 和英特尔联合成立了工业互联网联盟，主要目的是促进物理世界与数字世界的融合，为“互联网+”提供技术支持。无论是政府，还是企业都在积极支持“互联网+”，显然是为了连通物理世界和数字世界。那么连通后的物理世界和数字世界又是什么样的呢？答案就是工业互联网，如图 14-2 所示。

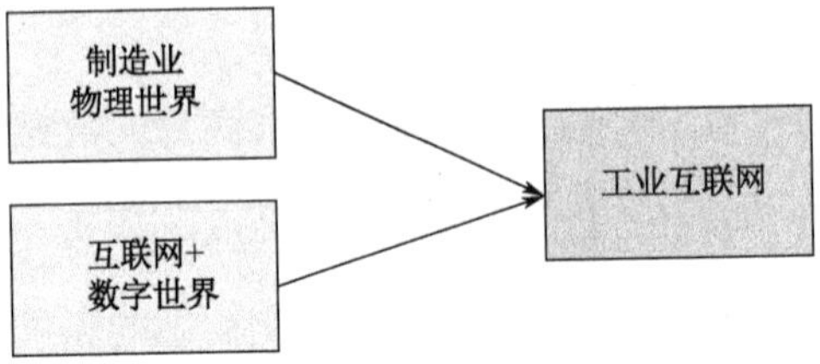

图 14-2　工业互联网的两大构成

通过将物理对象与网络空间的全部力量连接，工业互联网有望大幅改变人类与技术的互动方式。此外，与工业互联网相关的产品和系统工作可以转化成智能制造、卫生保健、运输和其他领域的新就业岗位。包括“互联网+”、工业 4.0 等在内的通过技术变革提高生活水平的方法，其实与第一次工业革命、第二次工业革命、第三次工业革命没有太大差别，唯一的不同点就是目前我们所做的努力是建立在前三次工业革命的基础上。

李彦宏这样解读“互联网+”，他说：“所谓‘互联网+’，就是任何一个垂直行业跟互联网进行结合的话，效率都会有很大的提升，尤其是对于中国而言，我们的市场经济只有几十年的历史，我们传统产业和主流产业的运营效率跟美国等发达国家相比还是有差距的，在这样的情况下用互联网的方法再重新做一遍，我们有可能超越其他国家，使得各种产业变得更有效率。”

要实现“互联网+”和制造业的融合，必须选择一条路线——拥抱大数据。因为打通物理世界与数字世界的方法离不开对大数据的挖掘。

在人工智能时代，通过苹果手机拍下产自佛罗里达的柑橘，然后通过系统估算出它的热量，进而监控用户一日的进食状况。这从概率角度来讲是可以实现的。

对于上述情况，以色列团队开发出一款分子扫描仪 SCiO。SCiO 小如一只 U

盘，但功能与 U 盘有着天壤之别。SCiO 在对柑橘进行扫描时，会射出一束蓝光来检测和锁定柑橘内的振动频率，科学家称这个振动频率为化学指纹。然后通过手机 App 解析柑橘的内在成分，包括准确的热量和糖分含量以及药物残留等。这样你去水果店只需要拿着小小的 SCiO 轻轻一扫，就能检测出柑橘是不是足够甜，甚至你也可以像选女朋友那样，挑出一枚果肉和“颜值”都足够高的柑橘。这就是物理世界与数字世界的深度融合。

读者调查表

尊敬的读者：

自电子工业出版社工业技术分社开展读者调查活动以来，收到来自全国各地众多读者的积极反馈，他们除了褒奖我们所出版图书的优点外，也很客观地指出需要改进的地方。读者对我们工作的支持与关爱，将促进我们为您提供更优秀的图书。您可以填写下表寄给我们（北京市丰台区金家村 288#华信大厦电子工业出版社工业技术分社　邮编：100036），也可以给我们电话，反馈您的建议。我们将从中评出热心读者若干名，赠送我们出版的图书。谢谢您对我们工作的支持！

姓名：________　　　　性别：□男　□女

年龄：________　　　　职业：________

电话（手机）：______________　　　　E-mail：____________________

传真：______________________　　　　通信地址：__________________

邮编：_________________

1. 影响您购买同类图书因素（可多选）：

□封面封底　□价格　□内容提要、前言和目录

□书评广告　□出版社名声

□作者名声　□正文内容　□其他__________________________

2. 您对本图书的满意度：

从技术角度　□很满意　□比较满意

□一般　□较不满意　□不满意

从文字角度 □很满意 □比较满意 □一般

□较不满意 □不满意

从排版、封面设计角度 □很满意 □比较满意

□一般 □较不满意 □不满意

3. 您选购了我们哪些图书？主要用途？

____

4. 您最喜欢我们出版的哪本图书？请说明理由。

____

5. 目前教学您使用的是哪本教材？（请说明书名、作者、出版年、定价、出版社），有何优缺点？

____

6. 您的相关专业领域中所涉及的新专业、新技术包括：

____

7. 您感兴趣或希望增加的图书选题有：

____

8. 您所教课程主要参考书？请说明书名、作者、出版年、定价、出版社。

____

邮寄地址：北京市丰台区金家村288#华信大厦电子工业出版社工业技术分社

邮　　编：100036

电　　话：18614084788　E-mail：lzhmails@phei. com. cn

微 信 ID：lzhairs

联 系 人：刘志红

电子工业出版社编著书籍推荐表

姓名		性别		出生 年月		职称/职务	
单位							
专业				E-mail			
通信地址							
联系电话				研究方向及 教学科目			
个人简历（毕业院校、专业、从事过的以及正在从事的项目、发表过的论文）							
您近期的写作计划： 您推荐的国外原版图书： 您认为目前市场上最缺乏的图书及类型：							

邮寄地址：北京市丰台区金家村288#华信大厦电子工业出版社工业技术分社

邮　　编：100036

电　　话：18614084788　E-mail：lzhmails@phei. com. cn

微 信 ID：lzhairs

联 系 人：刘志红

反侵权盗版声明

举报电话：（010）88254396；（010）88258888

传　　真：（010）88254397

E-mail:　dbqq@phei. com. cn

通信地址：北京市万寿路 173 信箱

电子工业出版社总编办公室

邮　　编：100036